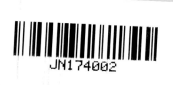

pot ポットブックス

まいにち元気！

5歳児のあそびBook

チャイルド本社

まいにち元気！ 5歳児のあそびBOOK

Contents

4月のあそび

5月のあそび

6月のあそび

7月のあそび

8月のあそび

9月のあそび

10月のあそび

11月のあそび

12月のあそび

1月のあそび

2月のあそび

3月のあそび

4月

フラワーボールバレー

ねらい

友達と協力しながら、フラワーボールを落とさないように打ち合って遊ぶ。

フラワーボールの作り方

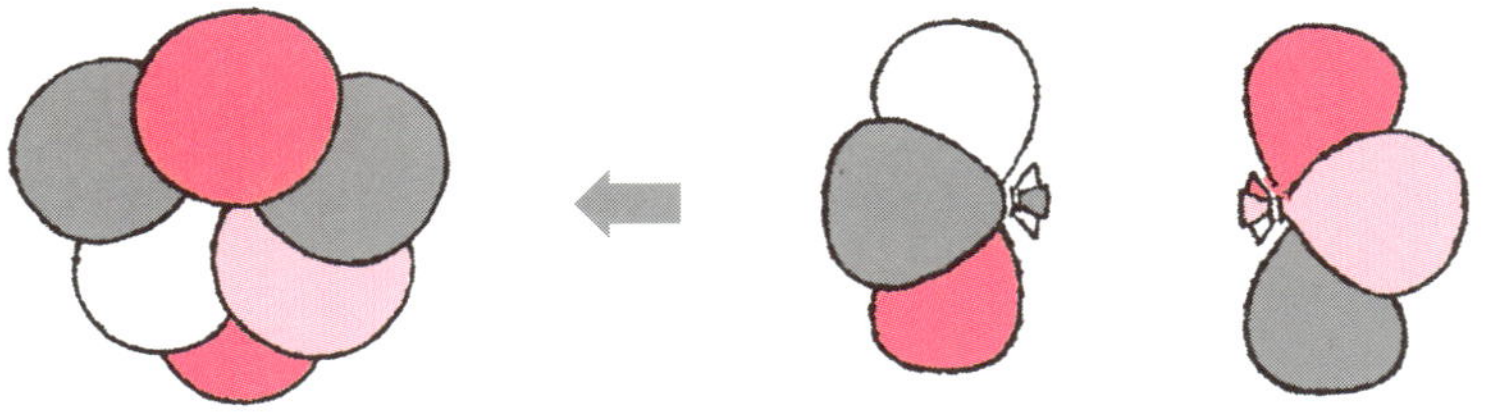

輪ゴムでさらに合体させる。

風船を膨らませて、3 つを輪ゴムで合体させたものを 2 つ作る。

フラワーボールを落とさないように打ち合って遊びます。

動いていい範囲を決め、その範囲内でどれだけ長く続けていられるかを競ってもいいでしょう。

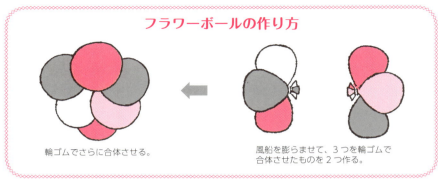

タクシーでゴー！

ねらい

グループごとに競い合う遊びを通し、協力して遊ぶ楽しさを知る。

1

子どもたちを5人1組のグループに分け、お客さんとタクシー係を決めます。

お客さんを
1人
タクシー係を
4人

2

タクシーにお客さんを乗せ、スタートラインに立ちます。

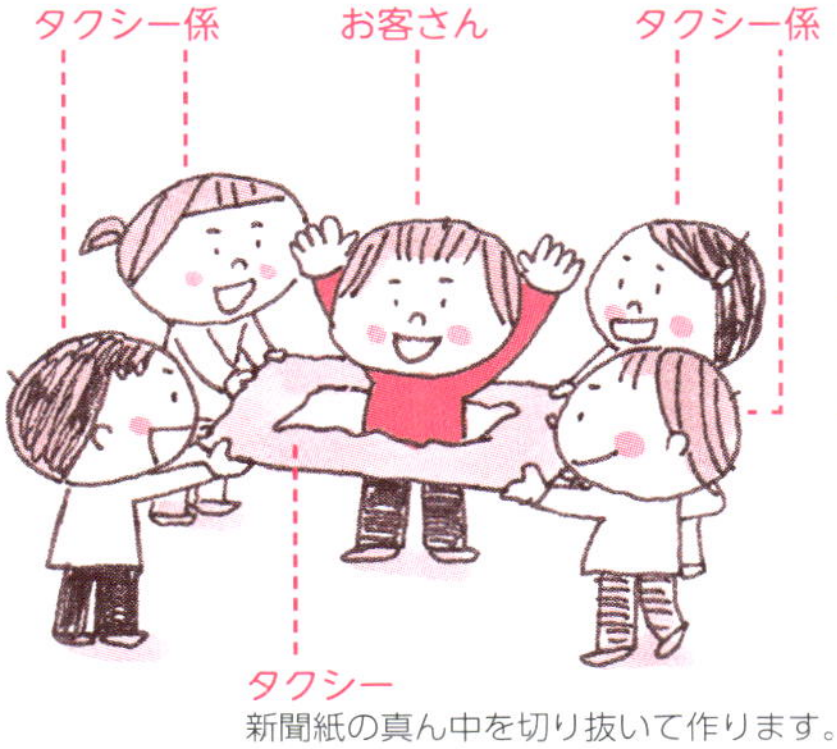
タクシー係
お客さん
タクシー係
タクシー
新聞紙の真ん中を切り抜いて作ります。

お客さんは、新聞紙の真ん中に立ち、
タクシー係は、新聞紙の四隅を持ちます。

3

保育者のかけ声に合わせて、全グループが一斉にスタートします。

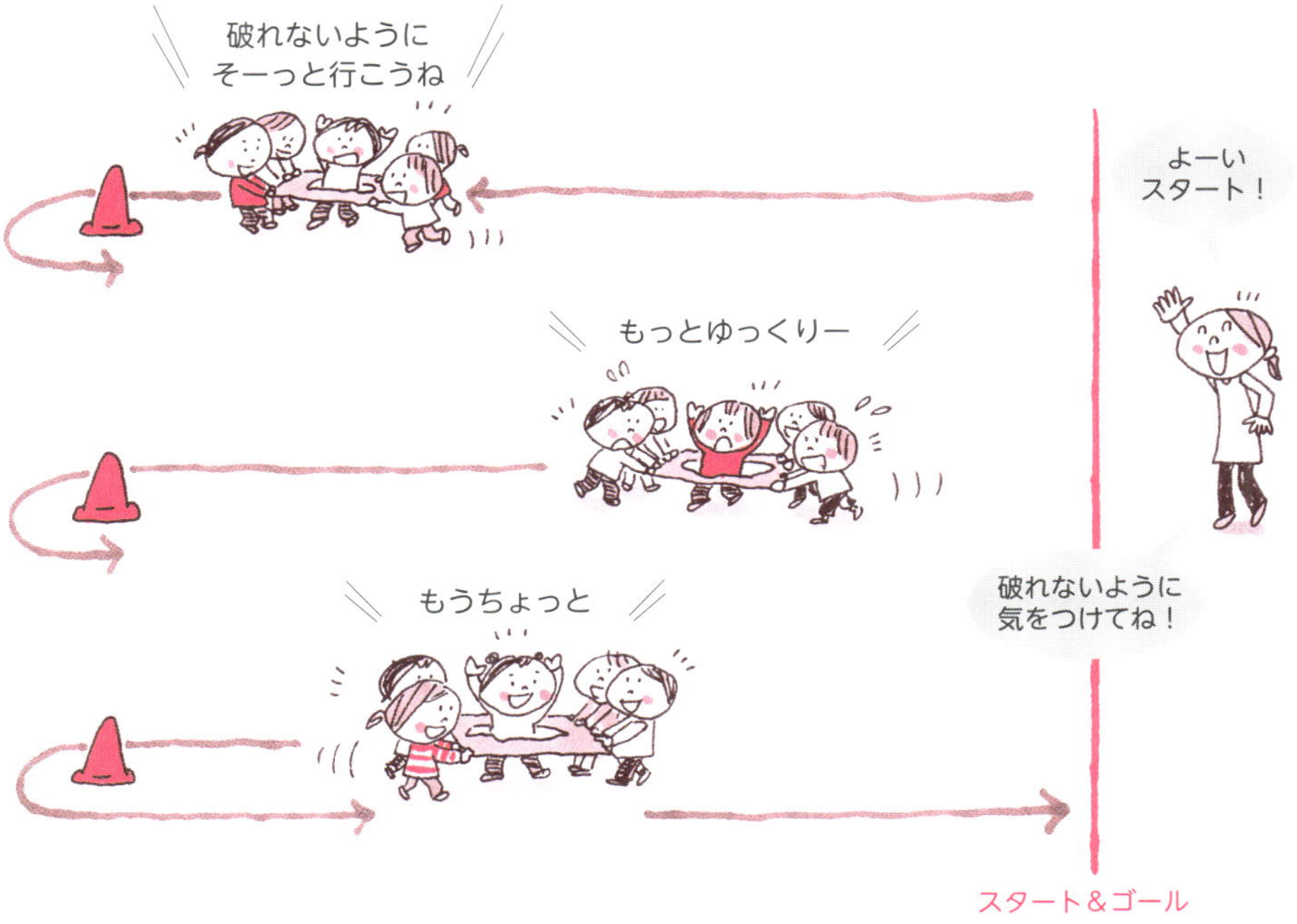
よーい
スタート！
破れないように
そーっと行こうね
もっとゆっくりー
もうちょっと
破れないように
気をつけてね！
スタート＆ゴール

新聞紙が破れた場合は、新しいタクシーに乗り換えます。
お客さんは、タクシーに触ってはいけません。

ちょうちょうじゃんけん

ねらい

ちょうちょうが姿を変えながら成長することを理解し、遊びに参加する。

1

子どもたちは全員たまごからスタート。たまごポーズで相手を見つけて、じゃんけんをします。

両腕を上げて丸を作り、「コロコロ」と言いながら歩きます。

2

じゃんけんに勝った子どもは、いもむしポーズになり、他のいもむしを見つけてじゃんけんをします。負けた子どもはたまごのまま、たまご同士でじゃんけんをします。

両手の人さし指を立てて、中腰で「イモイモ」と言いながら歩きます。

3

いもむし同士のじゃんけんで勝つと、さなぎになります。さなぎポーズで他のさなぎを見つけ、じゃんけんをします。

「サナサナ」と言いながら、直立して腕を動かさないよう小刻みに歩きます。

4

さなぎ同士のじゃんけんで勝つと、今度はちょうちょうになります。誰かがちょうちょうになったら一旦終了します。また、最初から繰り返します。

「ヒラヒラ」と言いながら両手を羽のように上下に動かします。

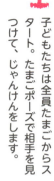

誰がやってきた？

ねらい

歌をうたいながら、さまざまな動物のまねをして、友達と体を動かして遊ぶ。

1

「ひらいた　ひらいた」を輪になってうたいます。

♪ひらいたと　おもったら
♪つぼんだ

「ひらいた　ひらいた」の歌をうたいながら、時計回りに回り、「♪ひらいたと　おもったら」で広がり、「♪つぼんだ」で中心に向かって小さくなります。

2

「ひらいた　ひらいた」のリズムに合わせて「♪やってきた　やってきた　なんの動物がやってきた」とうたい、もう一度回ります。

おおきなゴリラが
やってきた
♪やってきたと　おもったら

保育者が「♪○○○○がやってきた」と子どもたちになじみのある動物（うさぎ、ゴリラ、ライオンなど）の名前を言い、「♪やってきたと　おもったら　いつのまにか」とうたいながら、全員でその動物のジェスチャーをします。

3

保育者が言う動物の動作を、全員でまねをして遊びます。

寝ちゃった！

歌の最後に、保育者がその動物がなにをしたか（「寝ちゃった」「ラーメン食べた」「相撲した」など）を言います。子どもたちは一斉にそのジェスチャーをします。保育者の役を子どもたちが順番に交代して遊びましょう。

ひらいた　ひらいた

（わらべうた）

ひ らいた ひらいた なんのはなが ひらいた れんげのはなが ひらいた
ひらいたと おもったら いつのまにか つ ーー ぼ ん だ

きゅっきゅっきゅう

ねらい

リズムに合わせて体を動かしたり、友達と触れ合ったりすることを楽しむ。

1 全員で円になり手をこすります。

♪きゅっきゅっきゅうと　てをみがこう

手をこすって
磨こう！

「♪きゅっきゅっきゅうと　くつをみがこう」のメロディで「♪きゅっきゅっきゅうと てをみがこう」とうたいながら、手のひらをこすり合わせます。

2 自分の足をこすります。

♪きゅっきゅっきゅうと　あしみがこう

足も磨くよ

1 と同じリズムで「♪きゅっきゅっきゅうと　あしみがこう」とうたいながら、自分の足を両手でこすります。

3 友達の背中をこすります。

♪きゅっきゅっきゅうと　せなかみがこう

背中を磨いて
あげよう

1 と同じリズムで「♪きゅっきゅっきゅうと　せなかみがこう」とうたいながら、右隣りの友達の背中をこすります。頬やおなか、頭など、磨く場所を変えて、繰り返し遊びましょう。

●歌●
「きゅっきゅっきゅう」（作詞／相良和子　作曲／芥川也寸志）

やりすぎ体操

歌に合わせて楽しく踊ります。

❶ ♪やりすぎー

右を向き、両手をグーにして腕を伸ばし、上下に動かしながら足踏みをします。

❷ ♪やりすぎー

左を向き、❶と同じ動きをします。

❸ ♪きょうのへんじは

前を向き❶と同じ動きをします。

❹ ♪やりす

両腕を伸ばして内側に回します。

❺ ♪ぎー

両手を脇の下に挟みます。

❻ ♪ハイハイハイハイ ハイハイハイハイ

❶～❺までは、2番以降も同様にします。

〈1番〉

腕を伸ばしながら交互に手を上げます。

ねらい

日常の動きを歌に合わせて全身で表現し、楽しく体操をする。

● 2番から5番の❺の動作

〈2番〉

左手は頭の後ろに置き、右手は腰にあて、体を後ろに反ります。

〈3番〉

ズボンをはいて脱ぐ動きを激しく繰り返します。

〈4番〉

スコップで激しく砂を掘る動きをします。

〈5番〉

激しく左右に手を振ります。

やりすぎ

（作詞／福田りゅうぞう　作曲／谷口國博）

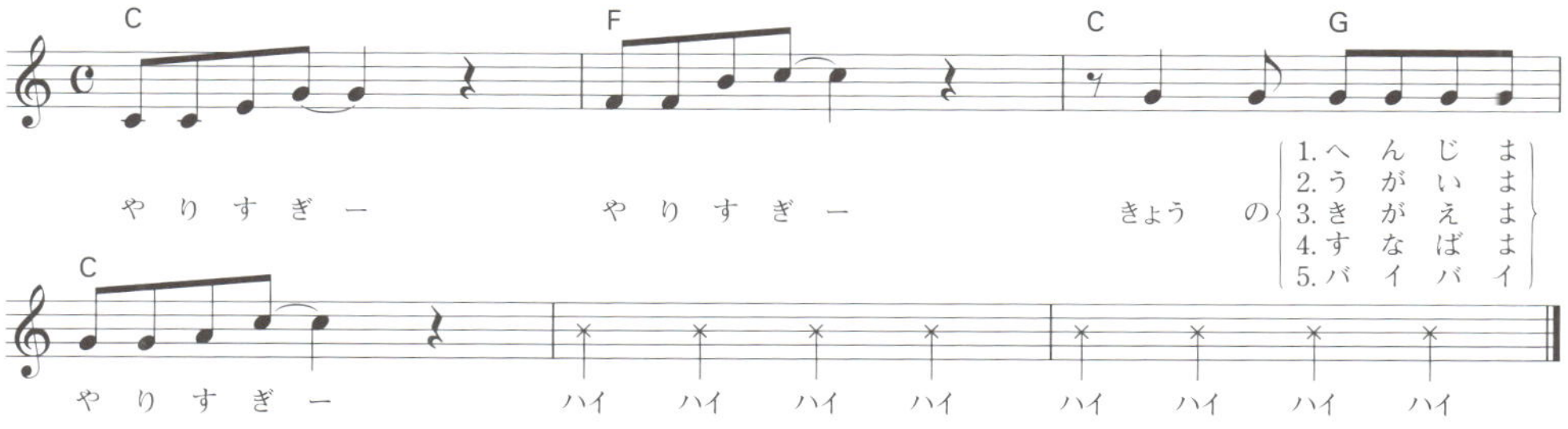

誰かな誰かな?

ねらい

保育者の声をよく聞きながら考えて、どの子のことかを当てる楽しさを味わう。

1

子どもたちを「誰かなチーム」と「Aチーム」「Bチーム」に分けます。保育者は誰かなチームの中から1人選んで、名前を逆から言います。

誰かなチーム
い・ゆ・ら・む・き
Aチーム
Bチーム

わかりやすいように、何回か繰り返し言ってあげましょう。

2

どの子のことかわかったら、A・Bチームの先頭の子はその子にタッチをします。

当たりー！
きむらゆいちゃんだ！
タッチ！
先を越されちゃった！

お手つきの場合は一度座ってから再度挑戦します。

3

A・Bチームの先頭を交代して誰かなチームが全員いなくなるまで、繰り返します。

今度は負けないぞ！

より多くの友達にタッチできたチームが、今度は誰かなチームになるなど、役割を交代して繰り返し遊びます。

目隠しじゃんけん

ねらい

勝敗を予想する難しさと、勝ち負けがわかるまでのドキドキ感を楽しみながら遊ぶ。

1

子どもたちの中から代表者を2人選び、じゃんけんをする手の方に紙袋をかぶせます。

代表者２人は前に出ます。全員で「目隠しじゃんけん じゃんけんぽん！」と大きな声で唱えて、代表者２人は紙袋の中でじゃんけんをします。

2

保育者は子どもたちに、勝っていると思う子の前に並ぶよう伝えます。

２人の紙袋を取り、正解を見せます。勝っている子の前に並んだ子どもたちの勝ち。あいこの場合は再戦で、勝負がつくまで繰り返します。代表者を交代して、繰り返し遊びましょう。

5月 くぐれ！こいのぼり

ねらい
状況を判断しながら、体全体を使ってのびのびと遊ぶ。

1
こいのぼり係を決めます。

ぼく
やるー！
係は
6人です

クラスの中から、こいのぼり係を6人決めます。

2
係は、2人1組でこいのぼりを持ちます。

こいのぼり
新聞紙を5～6枚
つなげて作ります。
色画用紙を貼ります。

係は3匹のこいのぼりが等間隔になる位置に立ちます。他の子どもたちは、スタート地点に並びます。

3
保育者のかけ声に合わせて、係がこいのぼりを浮かせます。他の子どもたちは、その下をくぐり抜けます。

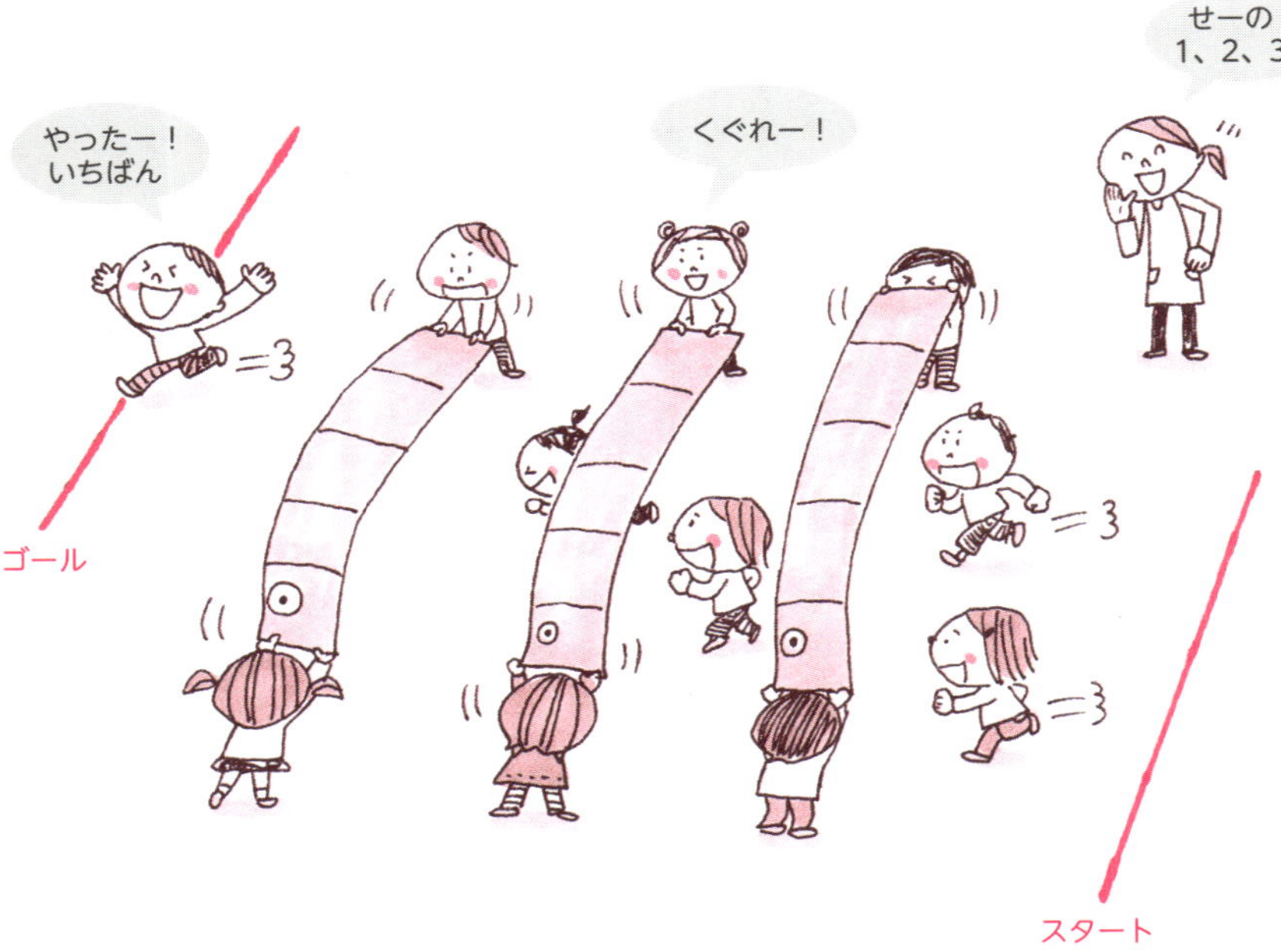

せーの！
1、2、3…
くぐれー！
やったー！
いちばん
ゴール
スタート

こいのぼりが浮かんでいる間（10数える間）に、くぐります。沈んでしまったときは、通れません。全員が3匹のこいのぼりをくぐり終えたら、反対側から同様にスタート地点まで戻ってきて、こいのぼり係を交代します。

とうがらし・からい！

ねらい

数を数える楽しさと、自分がとうがらしを受け取るかもしれないというスリル感を味わう。

1

保育者が指名した子から順番に時計回りに数を数えます。片手ずつ握りこぶしを前に突き出しながら、1人2つずつ数を数えていきます。

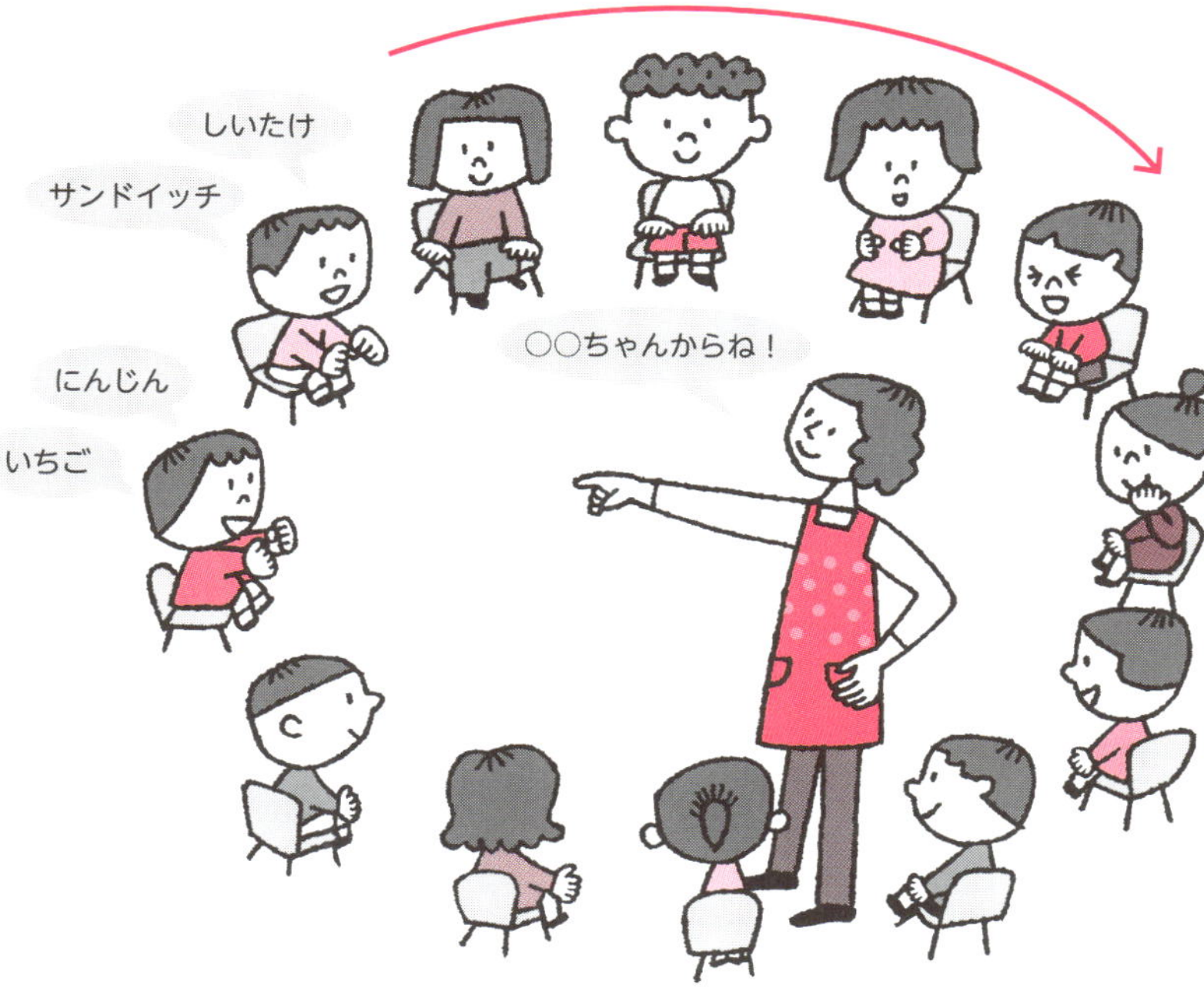

数の数え方

1…いちご	2…にんじん	3…サンドイッチ	4…しいたけ	5…ごぼう
6…ロールパン	7…なっとう	8…はくさい	9…きゅうり	10…とうがらし

2

「とうがらし」に当たった子は、「し！」のところで、隣の子にとうがらしを渡す動作をします。次の子は、「からい！」と言いながら、両手で口を覆います。これを繰り返して遊びます。

名前すごろく

子どもたちを2チームに分けます。先頭の子同士がじゃんけんをし、勝った子は、自分のチームのこまを持って、自分の名前を一文字ずつ言いながら、ます目を進みます。

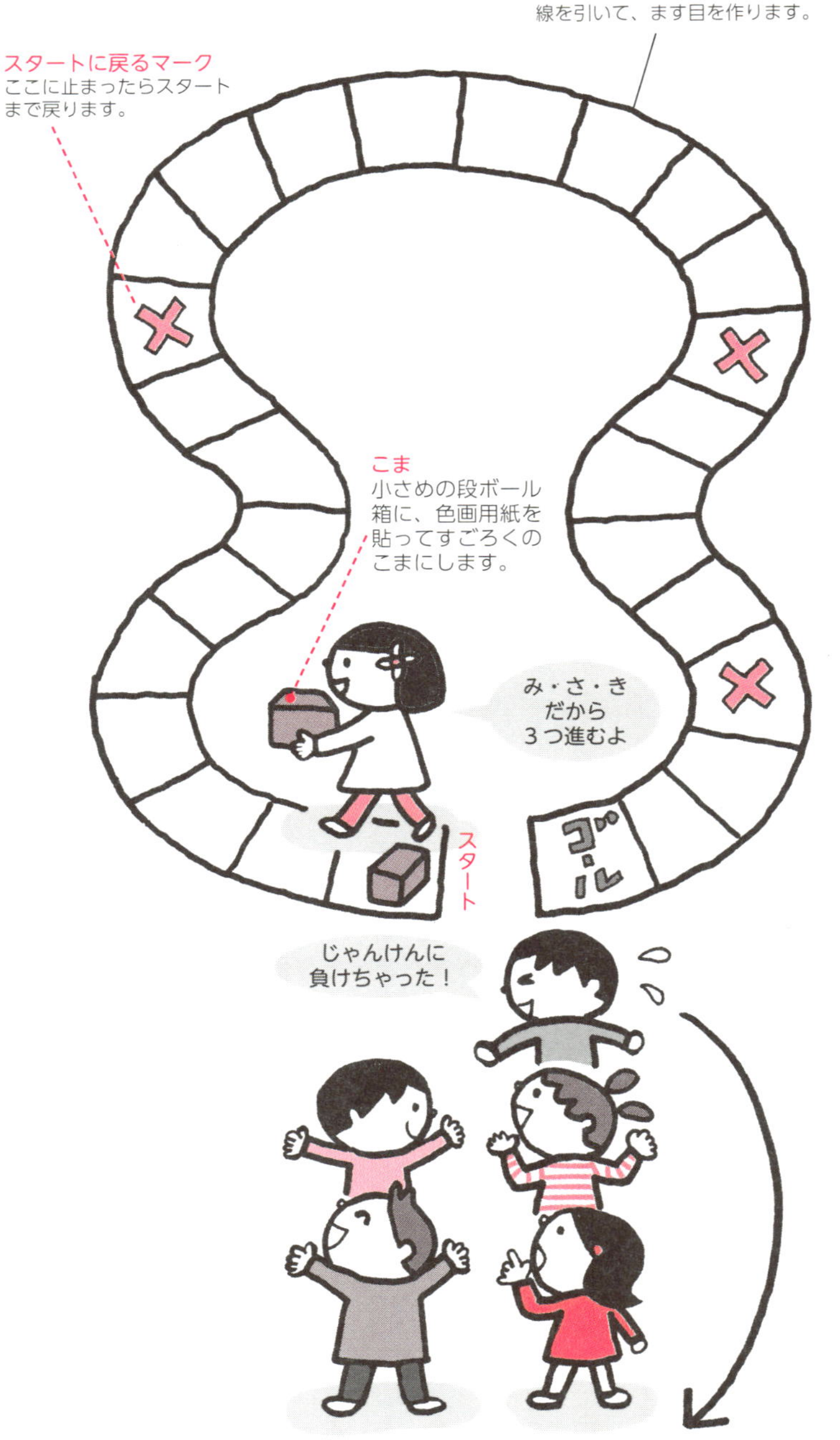
線を引いて、ます目を作ります。
スタートに戻るマーク
ここに止まったらスタートまで戻ります。
こま
小さめの段ボール箱に、色画用紙を貼ってすごろくのこまにします。
み・さ・き
だから
3つ進むよ
スタート
ゴール
じゃんけんに
負けちゃった！

じゃんけんに勝った子は、自分の名前の文字数だけ進んだら、こまを置き、次の子にバトンタッチします。負けた子は、列の一番最後に並びます。繰り返し遊び、早くゴールできたチームの勝ちとして遊びます。

ねらい

チームの友達と協力しながら、自分の名前を利用したすごろく遊びに参加する。

うさぎとかめ

ボールを使ったリレーを、チーム対抗で行います。

ピョンピョン
急げ急げ！
行け行けー！
うさぎ
足に挟んでジャンプします。
あっ！
転がっちゃった
ファイト！
がんばれー！
よいしょ！
手を使ってはダメですよー
かめ
足に挟んでほふく前進します。
スタート&ゴール

ねらい

ボールを落とさないように運ぶ動きを工夫しながら、チーム対抗の遊びに参加する。

両足にボールを挟んでうさぎのスタイルになり、跳びはねてカラーコーンを目指します。折り返しのコーンを回ったら、今度は太ももの間にボールを挟んだかめのスタイルで、ほふく前進をしてスタートラインまで戻ります。ボールを足から離してしまったら、その場で挟み直して再スタートします。次の子にバトンタッチし、早く全員が終わったチームの勝ちです。

遠足に行こう

ねらい

友達と協力しながらいろいろなポーズと動作をして、体を動かして遊ぶ。

1 全員で4種類のポーズとポーズに合わせた動きを練習しておきます。

ポーズと動きを覚えたら５組のペアを作り、１組をのぞいて各ペアに「川」「トンネル」「岩」「木」の４種類のポーズを割り当てます。担当が決まったら好きな場所でポーズをとります。

2 保育者の合図で1組が「遠足」に出発します。

保育者が「川」「トンネル」「岩」「木」のどれかを選んで、トンネルならば「トンネルくぐりまーす」などと言い、子どもたちも「くぐりまーす」と言いながらくぐります。

3 ポーズをとったペアと「遠足」に出かけたペアを交代し、繰り返して遊びます。

たんけんケンちゃん

ねらい

探検していることをイメージしながら、自由な動きと表現を楽しむ。

1

保育者の唱え言葉とポーズを追いかけて、まねて遊びます。

❶たんけんケンちゃん　おでかけだい！

おでかけだい！

おでかけだい！

保育者は節をつけて、「たんけんケンちゃんおでかけだい！」と右、左に拳を突き上げます。子どもたちは保育者に続き、言葉とポーズをまねします。

❷あっちの山に登ろうか

右手で遠くを指さしたあとに、登るようなしぐさをします。子どもたちも言葉とポーズをまねします。

❸こっちの川で泳ごうか

左手で遠くを指さしたあとに、平泳ぎのしぐさをします。子どもたちも言葉とポーズをまねします。

❹たんけんケンちゃん　おでかけだい！

❶の動作をします。

2

保育者の言葉に合わせていろいろな動きをします。探検中のハプニングなど即興のおもしろさを楽しみましょう。

川を泳いで渡るよー

子どもたちは、床の上を泳ぐしぐさで滑って移動します。

アフリカ奥地の民族の歓迎ダンスだよー

みんなで好きなように踊ります。

嵐がきたゾー

子どもたちはくっついて風に飛ばされないようにします。保育者は子どもを引っ張り、引きはがそうとします。

のびのび妖怪ストレッチー

ねらい

いろいろな物の動きを表現し、体をのびのびと動かして遊ぶ。

1 うたいながら踊ります。

❶ ♪のびのびようかい
ストレッチー

手を頭の上で合わせ、伸びたり縮んだりします。

❷ ♪へらへらようかい
ストレッチー

脱力して全身をゆらゆらと動かします。

❸ ♪なんでもなれるぞ
まかせとけ

突き出した右手をパーにして、リズムをとって動かします。
「♪まかせとけ」で左手も同様にします。

❹ ♪だいへんしん

変身ポーズで決めます。

2 変身ポーズのあとには、いろいろな物の動きを表現して遊びます。

コンドル
バッサ〜
力士！
花火
シュルシュル〜
ドカーン
なにに変身するかな〜!?
さる
キャッキャッキャッ
ヒラヒラ
ちょうちょう
ヘリコプター

のびのび妖怪ストレッチー　（作詞・作曲／犬飼聖二）

C G C G
のびのび ようかい ストレッチー へらへら ようかい ストレッチー
Am D7 G Dm G7 C
なんでも なれるぞ まかせとけ だいへんしん

ペンギンマークの百貨店

2人1組になり、歌に合わせて遊びます。

❶♪ペンギンマークの

手を１回たたきます。

❷♪ひゃっかてん

両手を上げて、
びっくり～！　のポーズ。

❸♪いっかいはけしょうひん
（2番♪にかいはペットやさん）
（3番♪さんかいはスポーツや）
（4番♪よんかいはでんきやさん）
（5番♪ごかいはレストラン）

両手の人さし指を立てて左右に振ります。
（にかい～ごかいは指の数で表します）

❹♪ドキドキワクワクー

胸に手のひらを当てたり、
離したりします。

❺♪おけしょうしましょ
ペタペタペタペタ

ペタペタペタ

相手の頬を両手でお化粧す
るように触ります。

ねらい

フロアごとの売り場をイメージしながら、友達と触れ合うことを楽しんで遊ぶ。

●2番から5番の❺の動作

〈2番〉

キュッキュッキュッ

お互いをだっこするような
しぐさで、３回軽くたたきます。

〈3番〉

ハイタッチ
カキーン
イエーイ

ハイタッチします。

〈4番〉

ツンツン
ピポパピ

お互いの腕や体を、人さし指で
プッシュします。

〈5番〉

コチョコチョ
ムシャムシャムシャ

お互いの腕や体をくすぐります。

ペンギンマークの百貨店　（作詞・作曲／犬飼聖二）

C Am Dm G
1.～5. ペン ギン マー ク の ひゃっ か てん
いっ かい は けしょう ひん
に かい は ペ ット やさん
さん かい は スポー ツ や
よん かい は でんき やさん
ご かい は レ スト ラン
C G G7 C
ド キ ド キ ワ クワ クー
お けしょう し ま しょ
コ アラ を だっ こ
ホー ムラン う と う
け いたい で ん わ
お こ さ ま ラン チ
ペタ ペタ ペタ
キュッキュッキュッ
カ キーンイェーイ
ピポ パ ピ
ムシャムシャムシャ

6月

雨ってどんな音？

ねらい

雨を集めたり、入れ物やかぶる物で音が違うことを楽しんだりして自然に興味をもつ。

1 いろいろな物を持って、雨を集めに出かけます。

小雨の日にレインコートを着て、雨を集めに出かけます。雨を集めながら、雨の音へ興味が移るように声かけをします。

2 雨を集めるときに、どんな音がしたか確認します。

部屋に戻り、雨をどのくらい集められたのかみんなで比べながら、雨を集めるときにどんな音がしたか話し合います。

3 いろいろな物を頭にかぶって雨の音を聞きに出かけます。

友達とかぶる物を交換して、違う音も聞いてみましょう。

あめあめふれふれ

「雨ふり」の歌に合わせて、踊ります。

ねらい

リズムに合わせて歌って踊りながら、友達と季節の遊びを楽しむ。

❶♪あめあめふれふれかあさんが

2人組で手をつないで、スキップをします。

❷♪じゃのめでおむかえ

両手を頭上に伸ばして、手の平を合わせた「傘のポーズ」で2回ジャンプします。

❸♪うれしい

2回ひざをたたきます。

❹♪な

両手を顔の横で開きます。

❺♪ピッチ

両手を1回たたきます。

❻♪ピッチ

右手と右手を合わせます。

❼♪チャップ

❺と同じように、両手を1回たたきます。

❽♪チャップ

左手と左手を合わせます。

❾♪ラン

❺と同じように、両手を1回たたきます。

❿♪ランラン

両手を2回合わせます。ペアを変えて繰り返し踊りましょう。

●歌●

「雨ふり」（作詞／北原白秋　作曲／中山晋平）

旅するかたつむり

子どもたちを2チームに分け、スタート地点にかたつむりを置きます。保育者の「スタート」の合図で、最初の子が片手をグーにした状態でかたつむりを腕に通してすくい、隣の子に渡していきます。

かたつむりの作り方

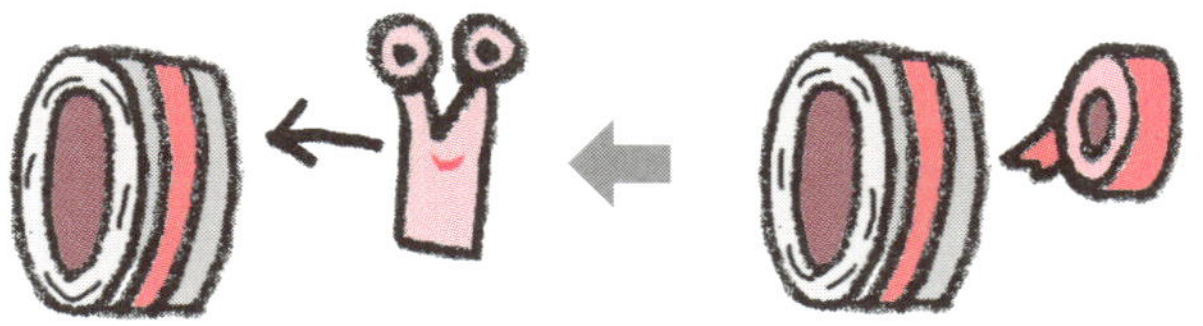

クラフトテープの芯に、ビニールテープを貼る。

色画用紙や画用紙で作ったかたつむりの顔を貼る。

ねらい

制限のある動きのなかで、友達と協力してルールのある遊びを楽しむ。

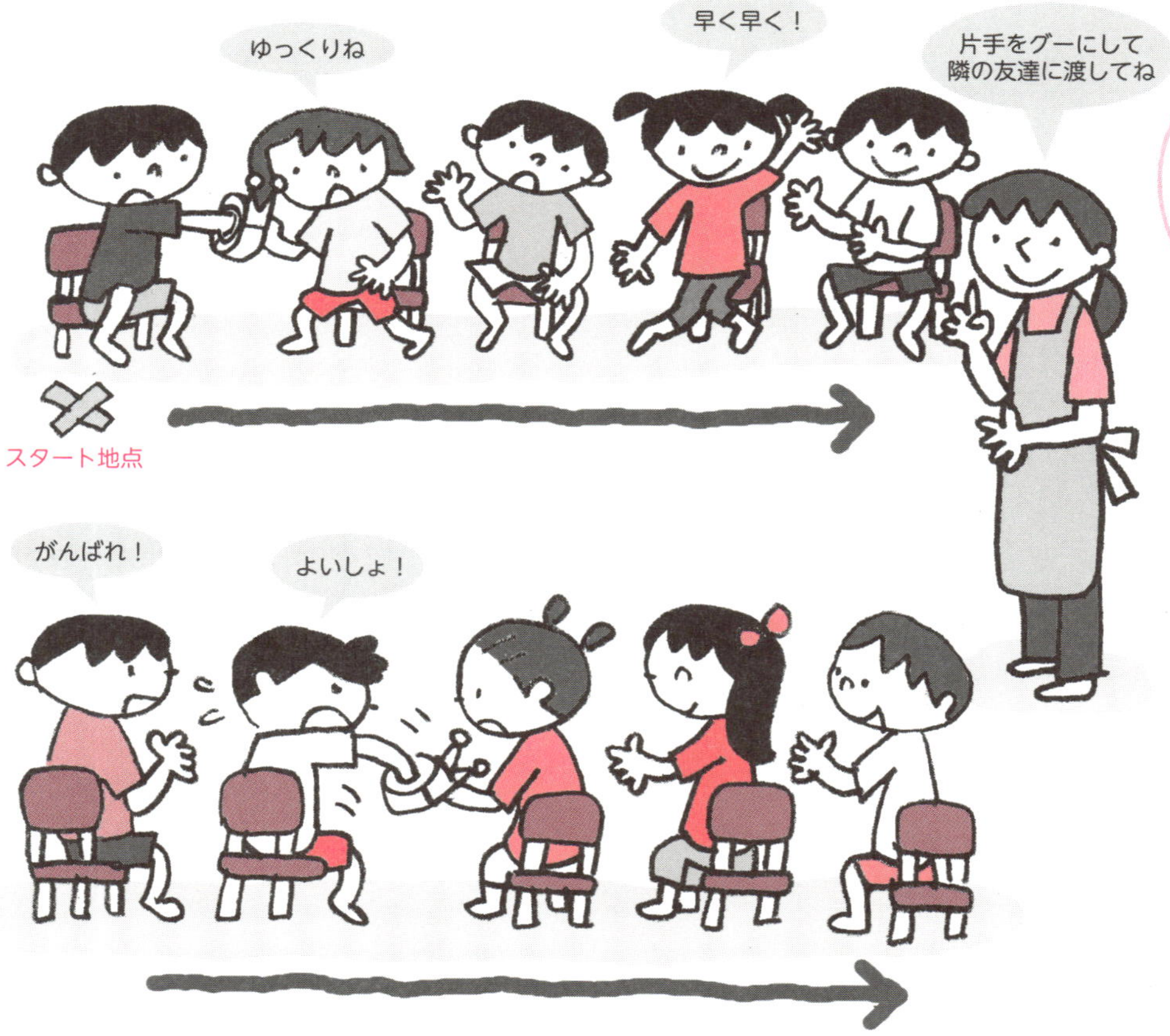

渡す子も受け取る子も、手は必ずグーにした状態で行うのがルールです。かたつむりが、早く一番最後の子まで到達したチームの勝ちとして遊びます。

かたつむりリレー

ねらい
かたつむりになったつもりで、不自由な姿勢で速く進む難しさを感じながら遊ぶ。

1
4～5人のチームを作ります。

チームで競争します
スタート＆ゴール

2
目玉シールを貼り、かたつむりになる準備をします。

足の親指の裏に
目玉シールを貼るよ
太ももに風船を
載せて運んでね
から
渦巻きを描いた風船。
目玉シール

3
チーム対抗のリレー形式で風船のからを運びます。

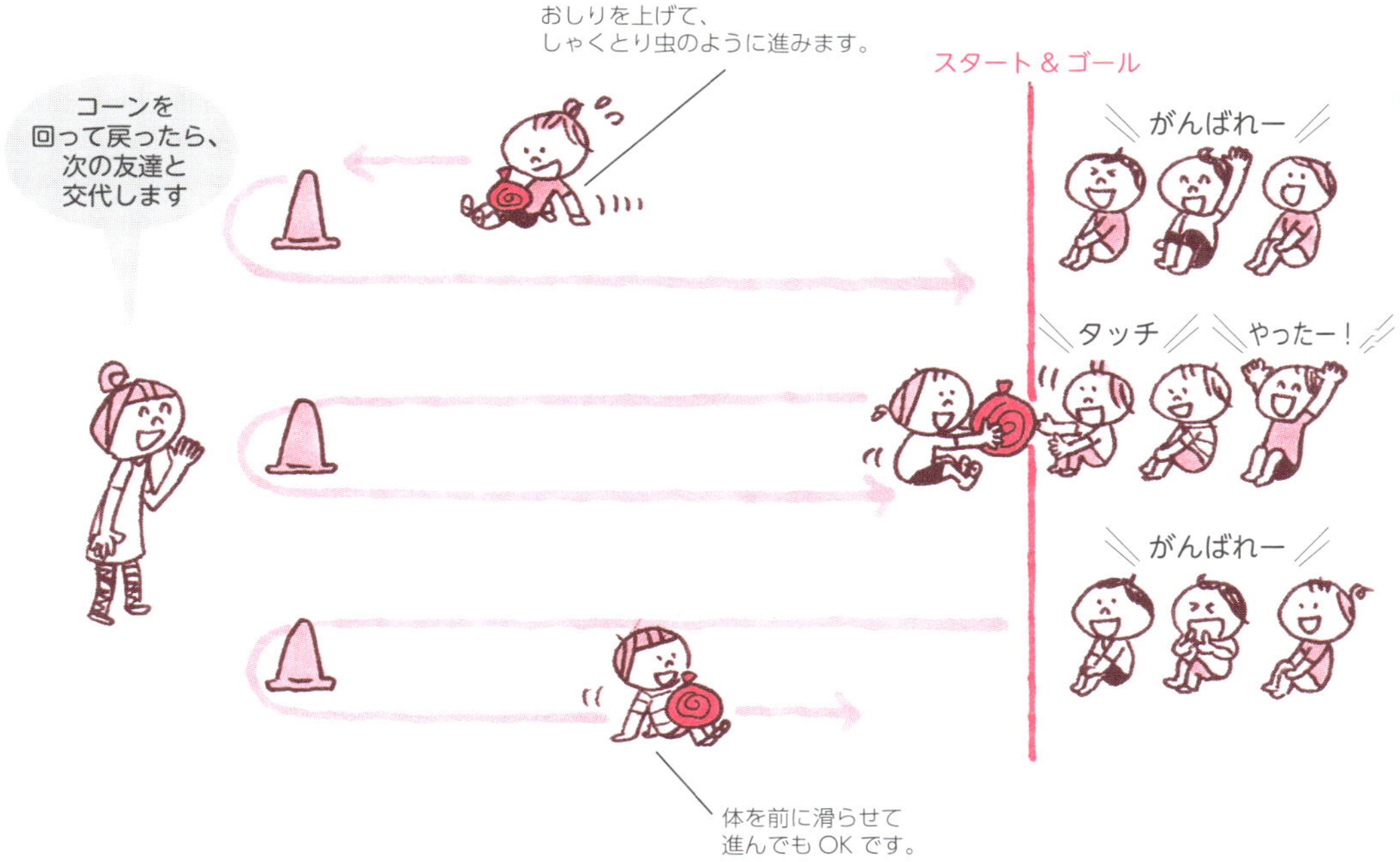
おしりを上げて、
しゃくとり虫のように進みます。
スタート＆ゴール
コーンを
回って戻ったら、
次の友達と
交代します
がんばれー
タッチ
やったー！
がんばれー
体を前に滑らせて
進んでもOKです。

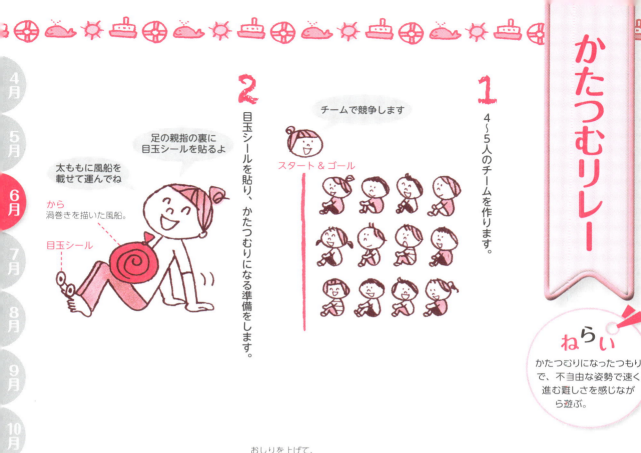

雨が降ったら？

ねらい

季節の天気に興味をもちながら、カードを使った遊びを楽しむ。

1

子どもたちを4チームに分けて、2チームごとに向かい合います。各チームの先頭の子は「かえる」「かみなり」「かたつむり」の絵カードを持ちます。

ゴールエリア
ビニールテープを貼ります。
♪かえる　かみなり　かたつむり　あめがふったら…

全員で「かえる　かみなり　かたつむり　あめがふったら　なにがでる？」と唱え、唱え終わった瞬間に先頭の子は１枚のカードを選び、絵柄の名前を言いながら相手に見せます。

2

出したカードが同じ絵柄だった場合は、ゴールエリアに入ります。

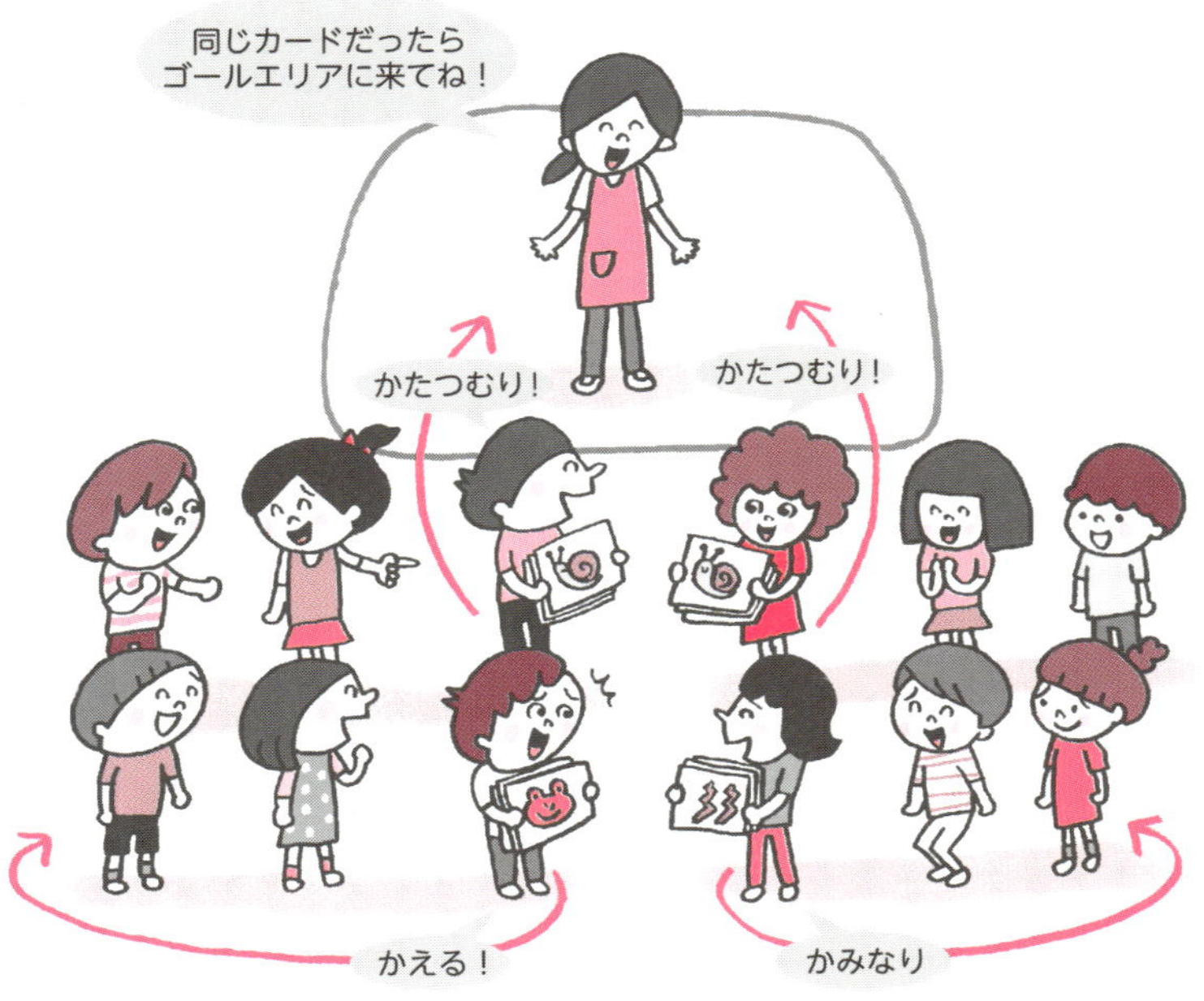
同じカードだったら
ゴールエリアに来てね！
かたつむり！
かたつむり！
かえる！
かみなり

出したカードが違う絵柄だった場合は、カードを次の子に渡し、自分の列の最後に並び直します。
全員がゴールエリアに入るまで繰り返して遊びましょう。

鈴を鳴らすな！

鈴を鳴らさないように、スズランテープをまたいだり、くぐったりして遊びます。

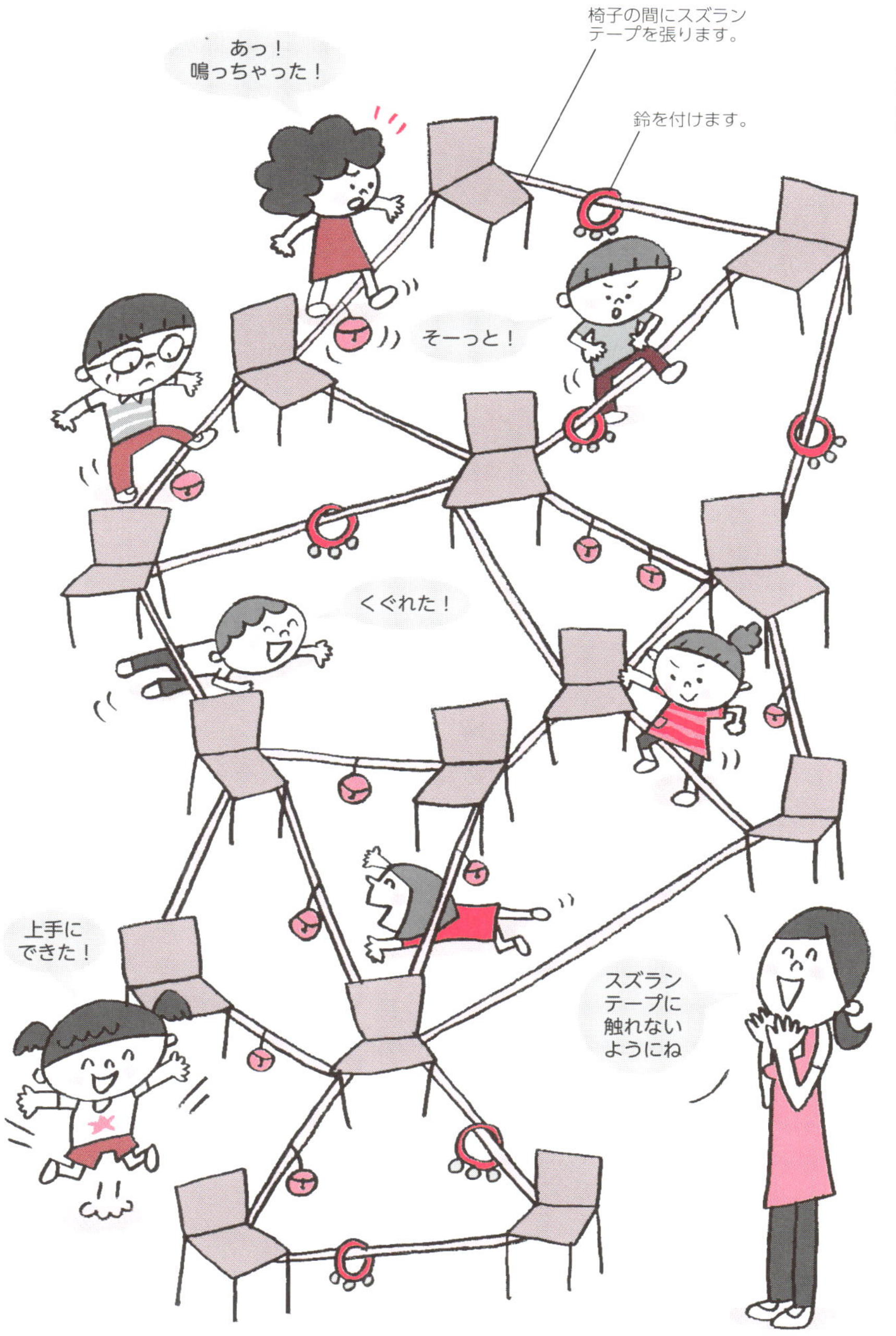
椅子の間にスズランテープを張ります。
鈴を付けます。
あっ！鳴っちゃった！
そーっと！
くぐれた！
上手にできた！
スズランテープに触れないようにね

ねらい

鈴を鳴らさないように注意しながらテープをくぐったり、越えたりする楽しさを味わう。

風船サンドイッチ

クラスを2チームに分け、2人組で風船を挟んでリレーをします。

ねらい

友達と協力して、課題をクリアするおもしろさと達成感を味わう。

●サンドイッチの形を変えて挑戦してみましょう。

背中と背中でサンドイッチ

おなかと背中でサンドイッチ

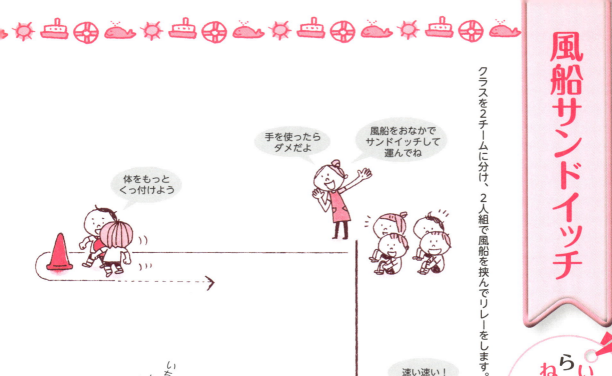

しりとり電車

ねらい

歌をうたって体を動かしながら、しりとり遊びを楽しむ。

1

クラスをいくつかのグループに分け、「しりとりでんしゃ」の歌をうたいながら室内を回ります。

前の子の肩に両手を置きます。

歌詞が繰り返しになっているので、最初に保育者がうたい、あとを子どもたちが追います。

2

最後の歌詞の「♪どこまでも」で、しりとりの対戦相手を見つけます。

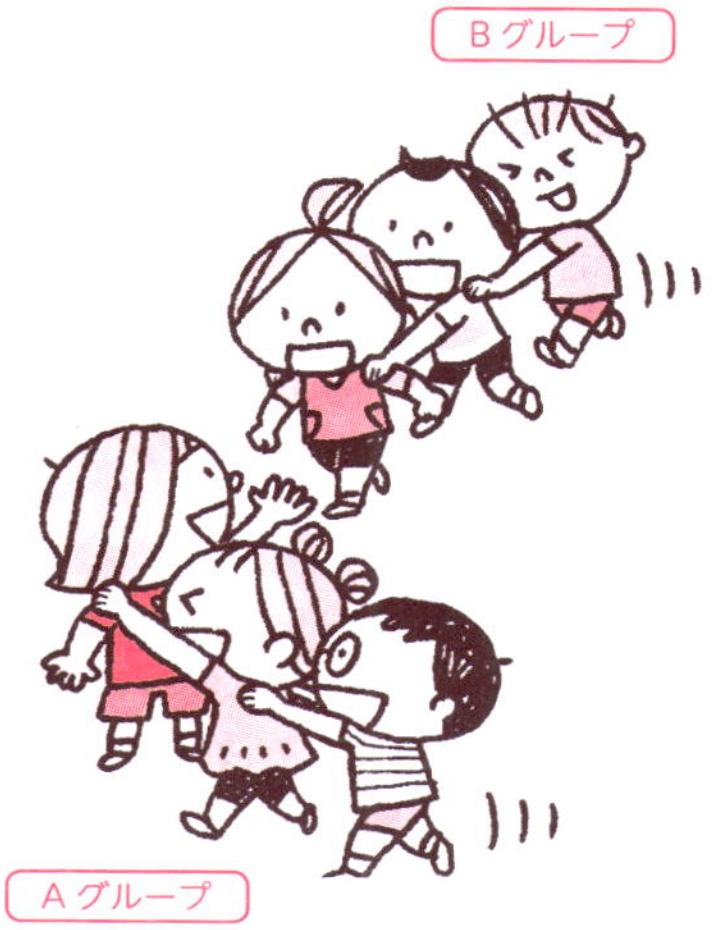
Bグループ
Aグループ

3

グループの先頭同士でしりとりをします。全員が1列になるまで、繰り返します。

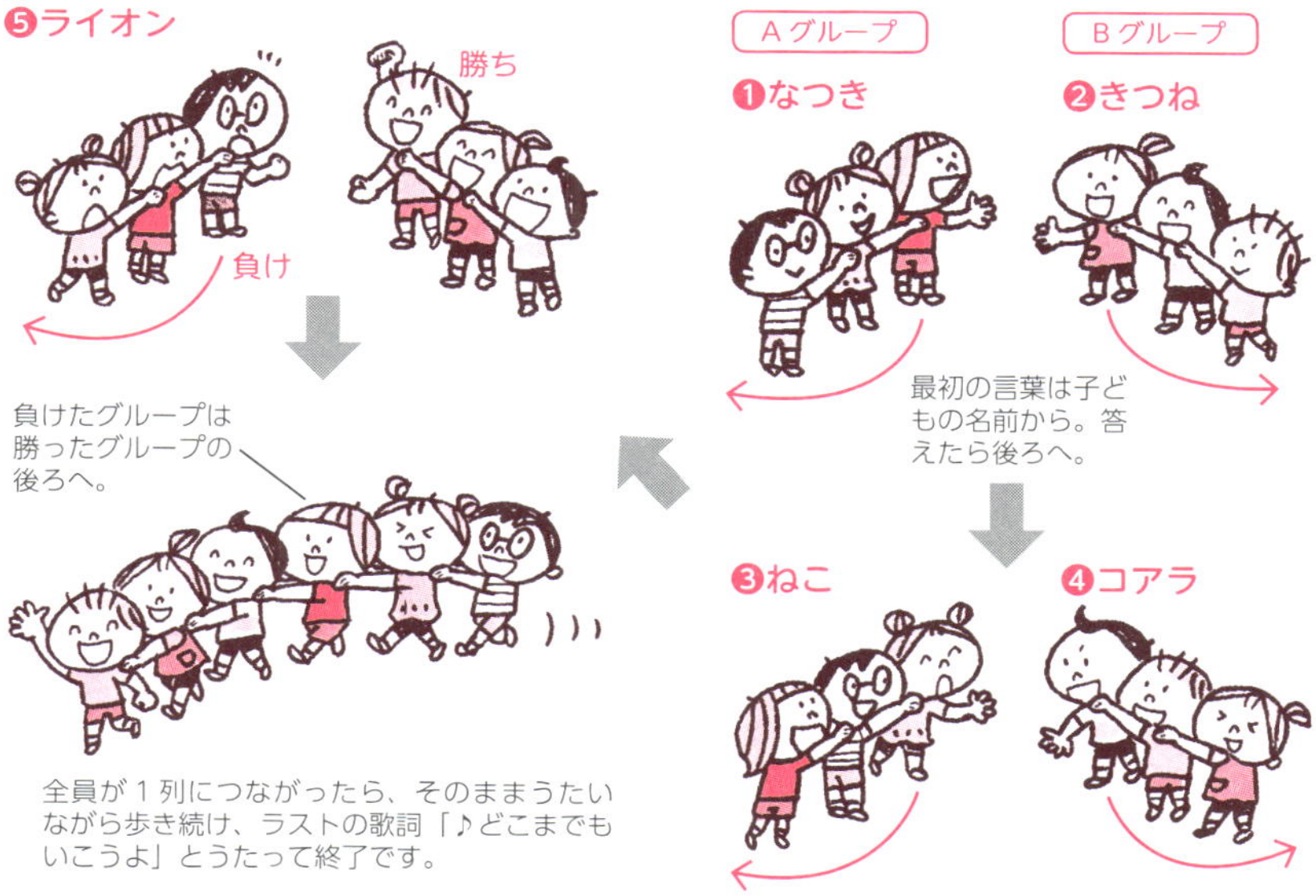
Aグループ
Bグループ
❶なつき
❷きつね
❸ねこ
❹コアラ
❺ライオン
勝ち
負け

最初の言葉は子どもの名前から。答えたら後ろへ。

負けたグループは勝ったグループの後ろへ。

全員が1列につながったら、そのままうたいながら歩き続け、ラストの歌詞「♪どこまでもいこうよ」とうたって終了です。

しりとりでんしゃ

（作詞・作曲／たかはしあきら）

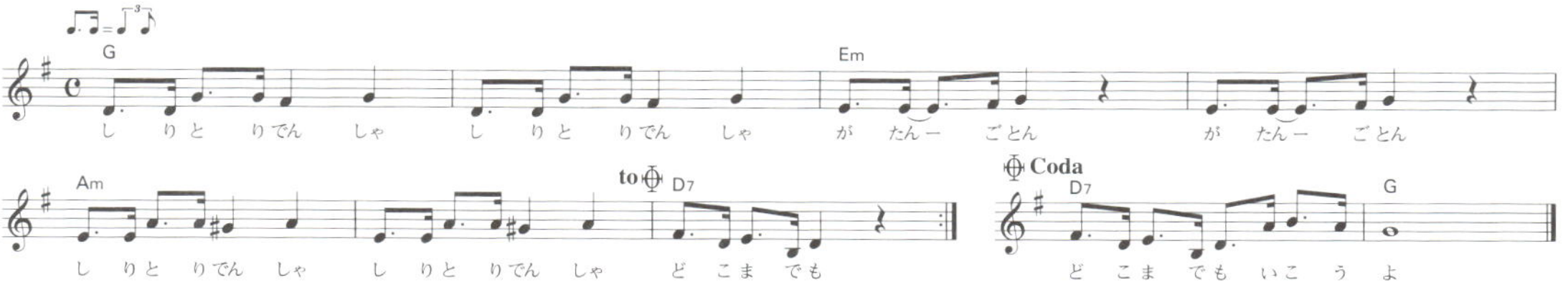
G
Em
Am
D7
G
to Coda
Coda
しりとりでんしゃ　しりとりでんしゃ　がたんーごとん　がたんーごとん
しりとりでんしゃ　しりとりでんしゃ　どこまでも
どこまでもいこうよ

7月 なつはごきげん!!

ねらい
うたいながら体操をし、水遊びやプール遊びへの期待感を高める。

水遊び前やプール遊びの前に、元気にうたって踊りましょう。

❶ ♪なつはごきげんー

左足を軽く上げ、両手を右上に上げて１回パッチンとたたきます。左上でも同じように。

❷ ♪あおいうみー

左手を腰に当て、右手をパーにして左前からスライドして右前へ動かします。反対側も同じように。

❸ ♪にゅうどうぐもー

交差した両手を上げて、空中に大きな円を描きます。

❹ ♪いっしょにおよごう

リズムに合わせて、軽くジャンプしながら手拍子をします。

※ここから、子どもたちは保育者の言葉とポーズを追いかける形でまねして遊びます。

❺ ♪クロールー（クロールー）

水をかくように手を動かし、クロールのまねをします。

❻ ♪せおよぎー（せおよぎー）

手を左右交互に上げながら後ろへ回して、背泳ぎのまねをします。

❼ ♪バタあしー（バタあしー）

両足でジタバタと地面を踏みます。

❽♪たこおよぎ（たこおよぎ）

体を軟らかく、腕はたこの足のように動かします。

❾♪ラッコおよぎ（ラッコおよぎ）

ラッコのように寝転がって、足はバタバタ、おなかをコンコンたたきます。

❿♪きしゃおよぎ（きしゃおよぎ）

両手を体の両脇で、汽車の車輪のように回します。

※ここからあとは、またみんなでいっしょにうたいます。

⓫♪みんなでみんなで およごうよ

リズムに合わせて、軽くジャンプしながら手拍子をします。

⓬♪イェイッ

イェイッ
イェイッ

❺〜❿の泳ぎの中から、好みのポーズを１つ選び、それぞれ決めのポーズをとります。

なつはごきげん!!

（作詞・作曲／犬飼聖二）

G C G D7 G
なつは ごきげんー あおい うみー にゅうどう ぐもー いっしょにおよごう
C G D7 G
クロールー （クロールー） せおよぎー （せおよぎー） バタあしー （バタあしー） たこおよぎ （たこおよぎ）
C G D7 G
ラッコおよぎ （ラッコおよぎ） きしゃおよぎ （きしゃおよぎ） みんなでみんなで およごうよ イェイッ

ビー玉コロコロ

ねらい

どのように道をつなぐと上手に転がるか考え、友達と協力し合って遊ぶ。

1 子どもたちを5人ずつのチームに分けて、役割分担をします。

道の作り方

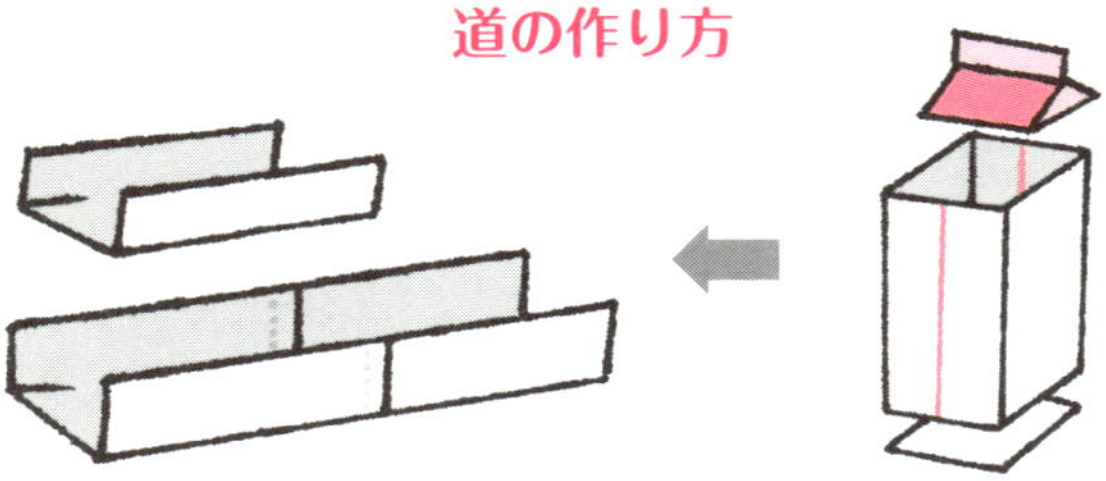

牛乳パックの上部と底を切り取り、縦半分に切る。

そのままの物と、クラフトテープで 2、3 本つなげた物を何本か作る。

段ボール箱に「道」を入れておき、代表者 3 人が道を取りに行きます。
他の 2 人は「転がす役」「キャッチする役」になります。

2 道をどうつなげるかチーム内で決めて、ビー玉を転がします。

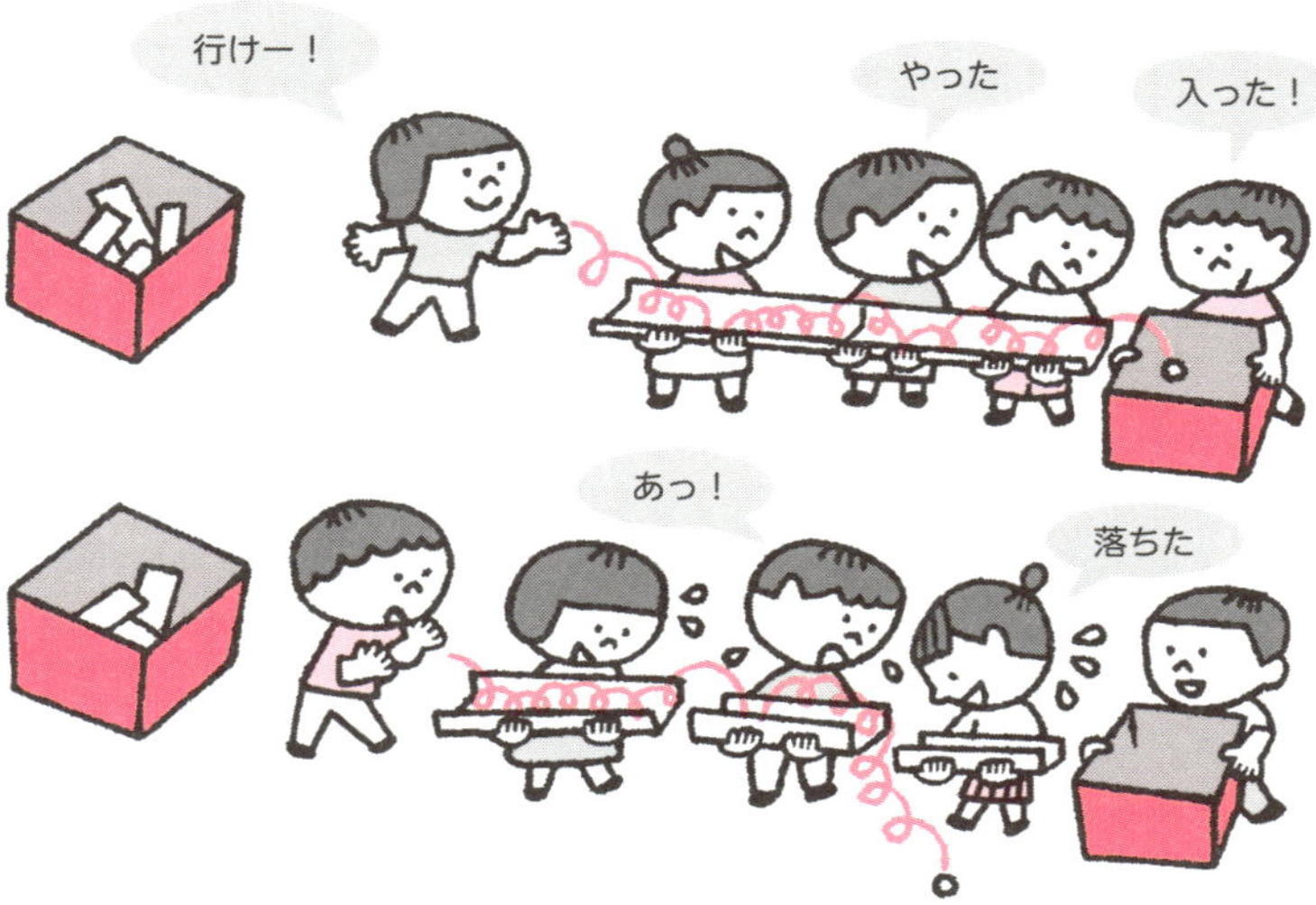

横一列に並び、道をつなげてビー玉を転がすコースを作ります。ビー玉を転がして、
段ボール箱に入れられたら成功です。繰り返して遊びます。

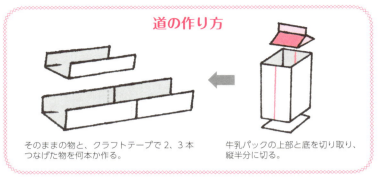

魔法をかけると…？

1

魔法使い役を2人決め、他の子どもたちは遊びエリア内に広がります。

遊びエリア
準備はいい？
魔法使い
三角帽子をかぶります。
わたしが魔法使いよ！
ぼくも魔法使い！

魔法使い役は、他の子どもたちを追いかけてタッチします。

ねらい

魔法使いになったり、魔法をかけられて変身したりするおにごっこを楽しむ。

2

魔法使い役はタッチされた子に、「いぬになぁれ！」「かえるになぁれ！」など、魔法をかけ、タッチされた子は、その動物や生き物のまねをします。

タッチをされたら言われた動物のまねをしてね
いぬになぁれ！
ニャー！
復活！
待てー！
魔法といた！

魔法にかかった子はまだタッチされていない子が「魔法といた！」と言ってタッチをしたら復活できます。
魔法使い役を交代して、繰り返し遊びましょう。

渡れ！天の川

ねらい

役割を分担し、行事にちなんだチーム対抗の遊びを楽しむ。

1

クラスを織姫チームと彦星チームに分け、「走り織姫」、「隠れ織姫」、「走り彦星」、「隠れ彦星」を決めます。

「走り織姫」と「走り彦星」は腰にリボンを巻きます。「隠れ織姫」と「隠れ彦星」のリボンは相手チームにわからないように後ろ手に持ちます。

2

保育者の合図で「走り織姫」と「走り彦星」は相手チームに行き、「隠れ彦星」と「隠れ織姫」を探します。

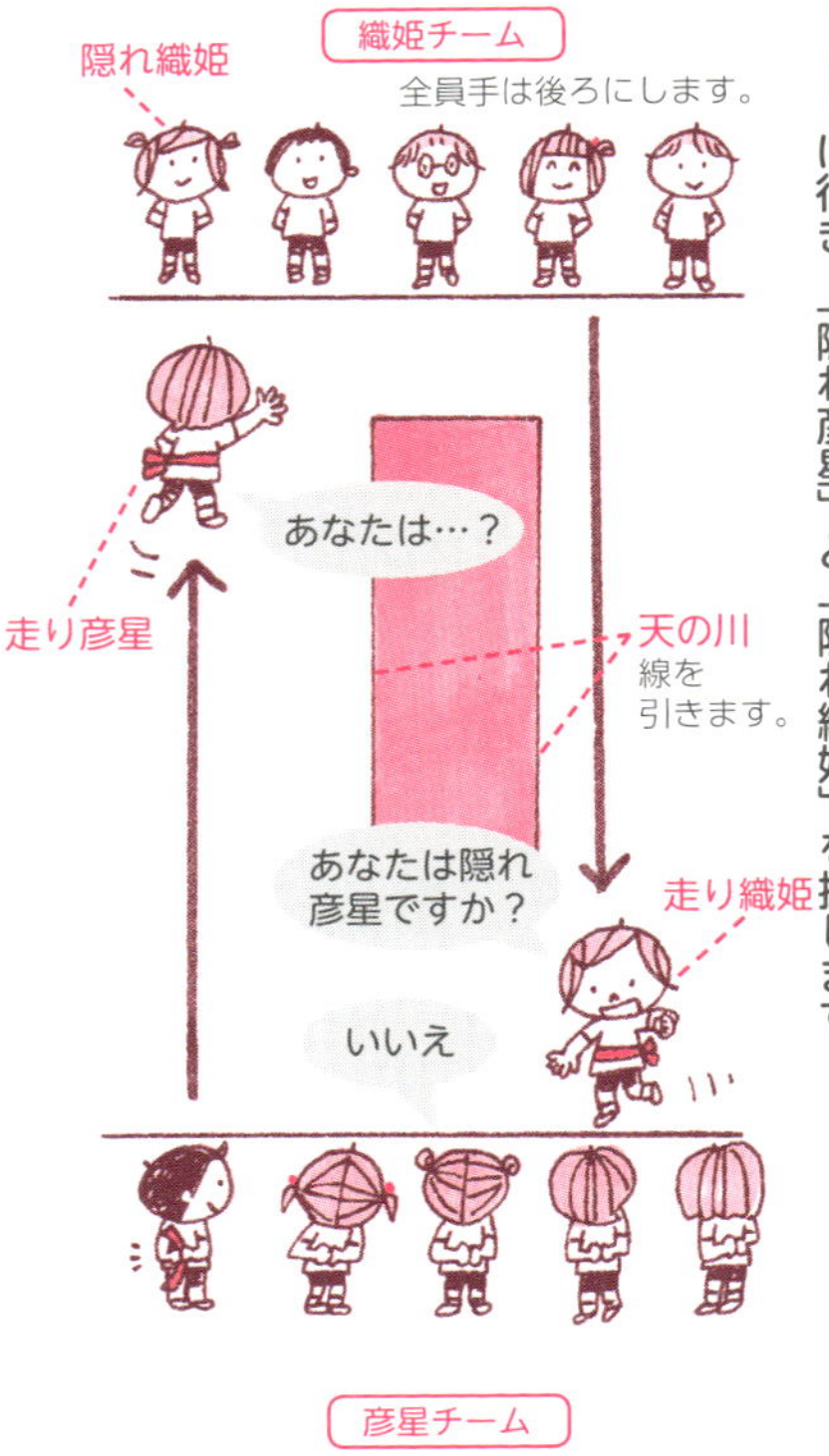

3

「隠れ彦星」や「隠れ織姫」を見つけたら、リボンをいっしょに持って天の川を渡り、ゴールします。役を交替して遊びましょう。

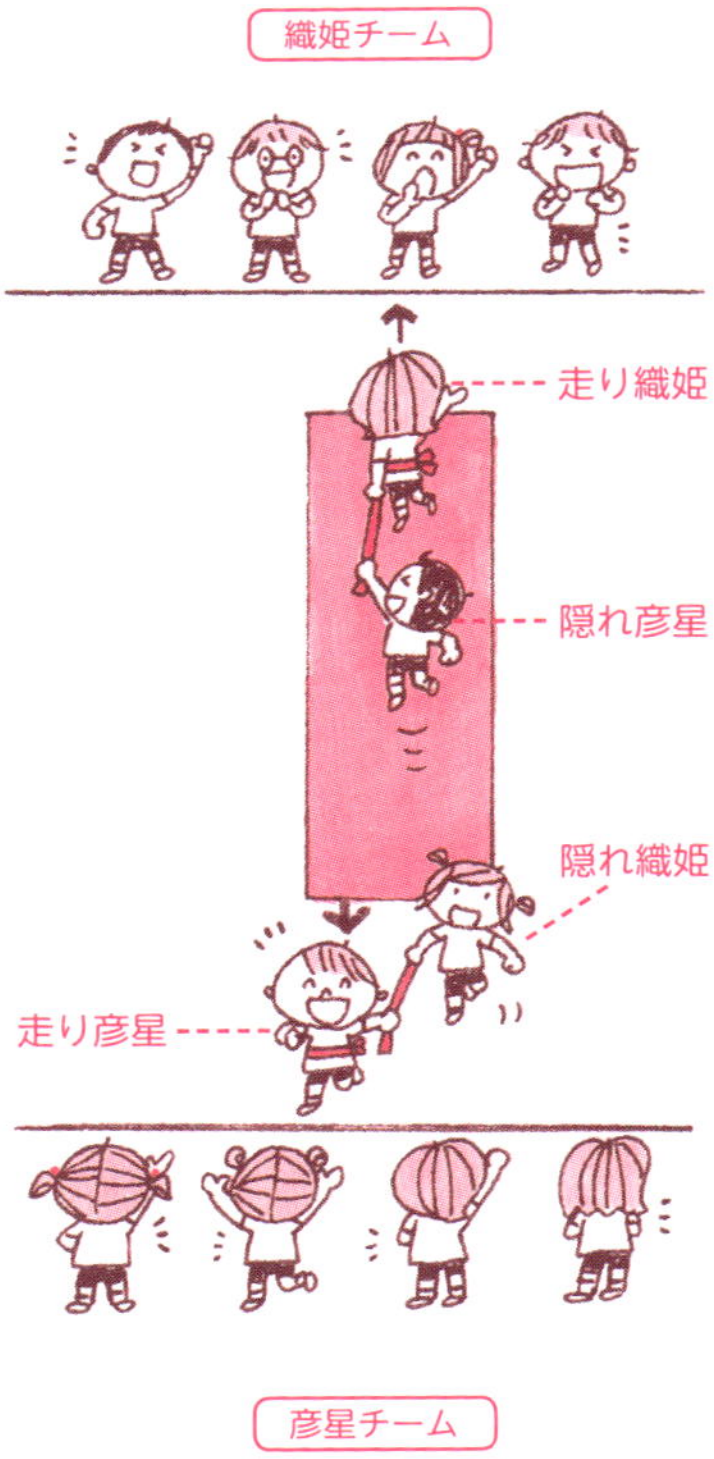

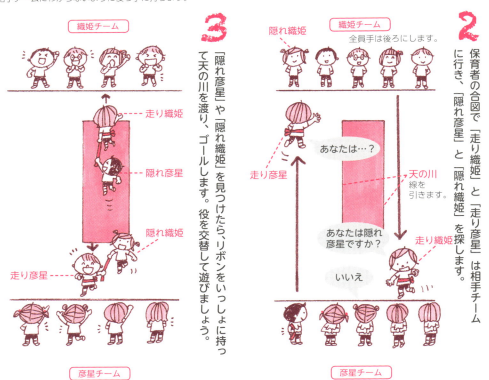

水中おはじきダーツ

1人2～3つずつおはじきを持ち、ビニールプールの周りに描いたラインの外からおはじきを投げ、的（すいかの絵）に載せて遊びます。

載った！
水を入れた
ビニールプールに
的を入れます。
そっと投げたほうが
いいんじゃない？
よく見て！
すいかの上に
おはじきを載せてね

ねらい

おはじきがうまく的の上に載るように、投げ方を工夫して遊ぶ。

●的をだんだん小さくして、挑戦してみましょう。

的は画用紙に絵を描き、厚紙に貼り、ラミネートフィルムなどで密封して作る。

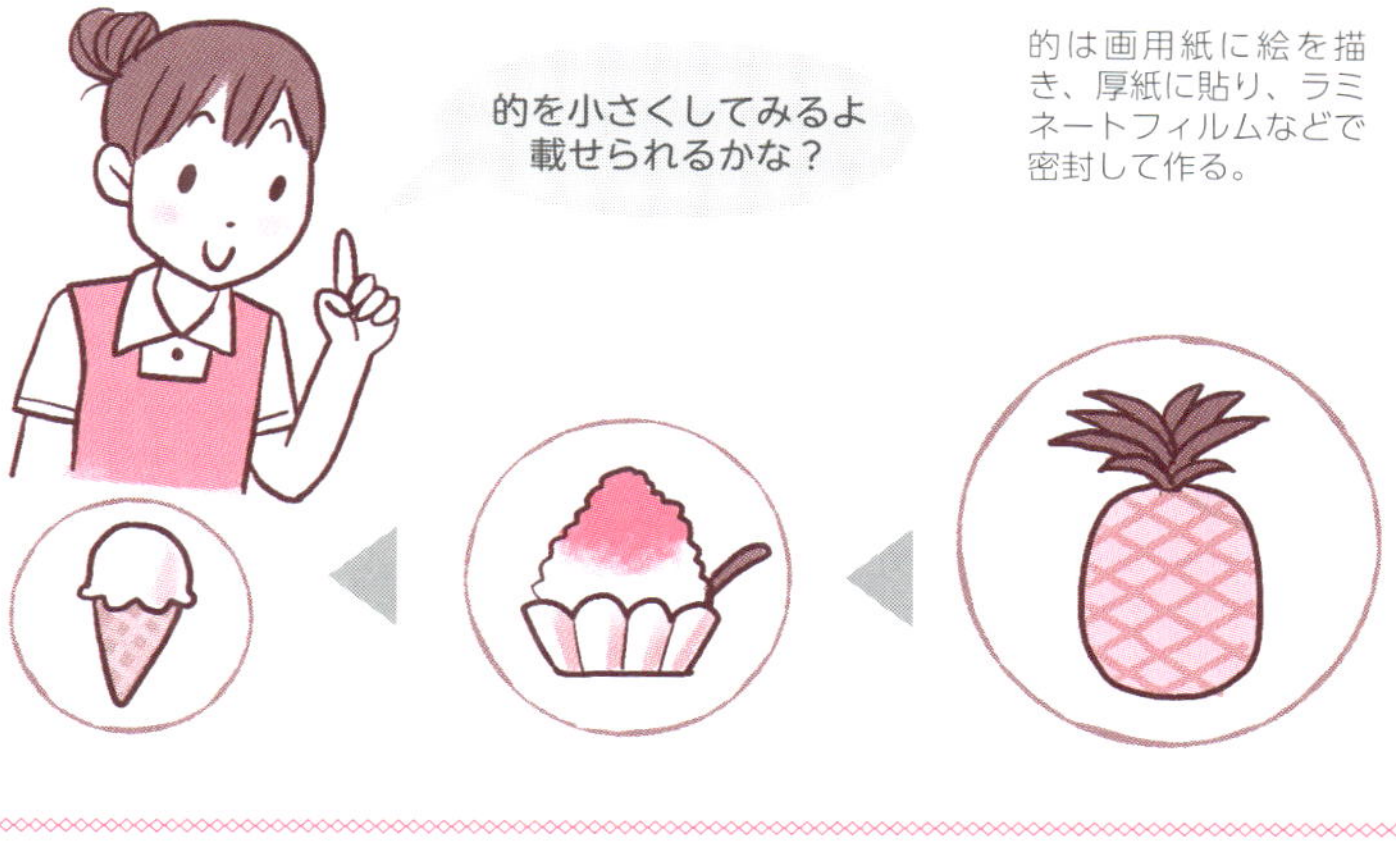
的を小さくしてみるよ
載せられるかな？

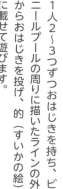

ハラハラ ドッカン!!

1

4人1組のグループを作り、レジャーシートの四隅を持ちます。

2

水風船を落とさないように、シートを持ち上げます。

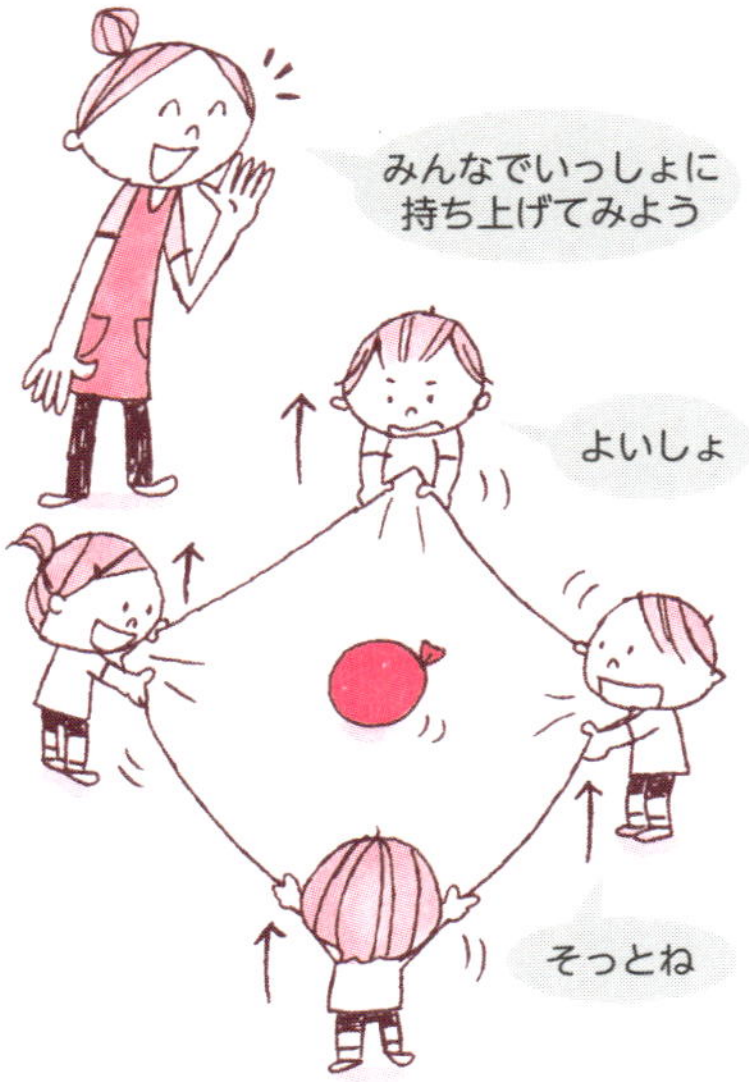

ねらい

友達と協力して、水風船を割らないようにバランスをとりながら遊ぶ。

3

水風船を転がしたり、ジャンプさせたりします。

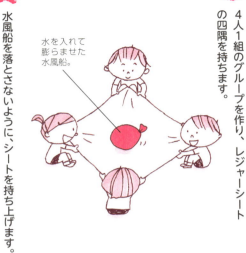

大波小波 ザブーン

ねらい

友達と触れ合いながら、みんなで協力してダイナミックな遊びを楽しむ。

1

クラスを大波と小波の2チームに分けます。

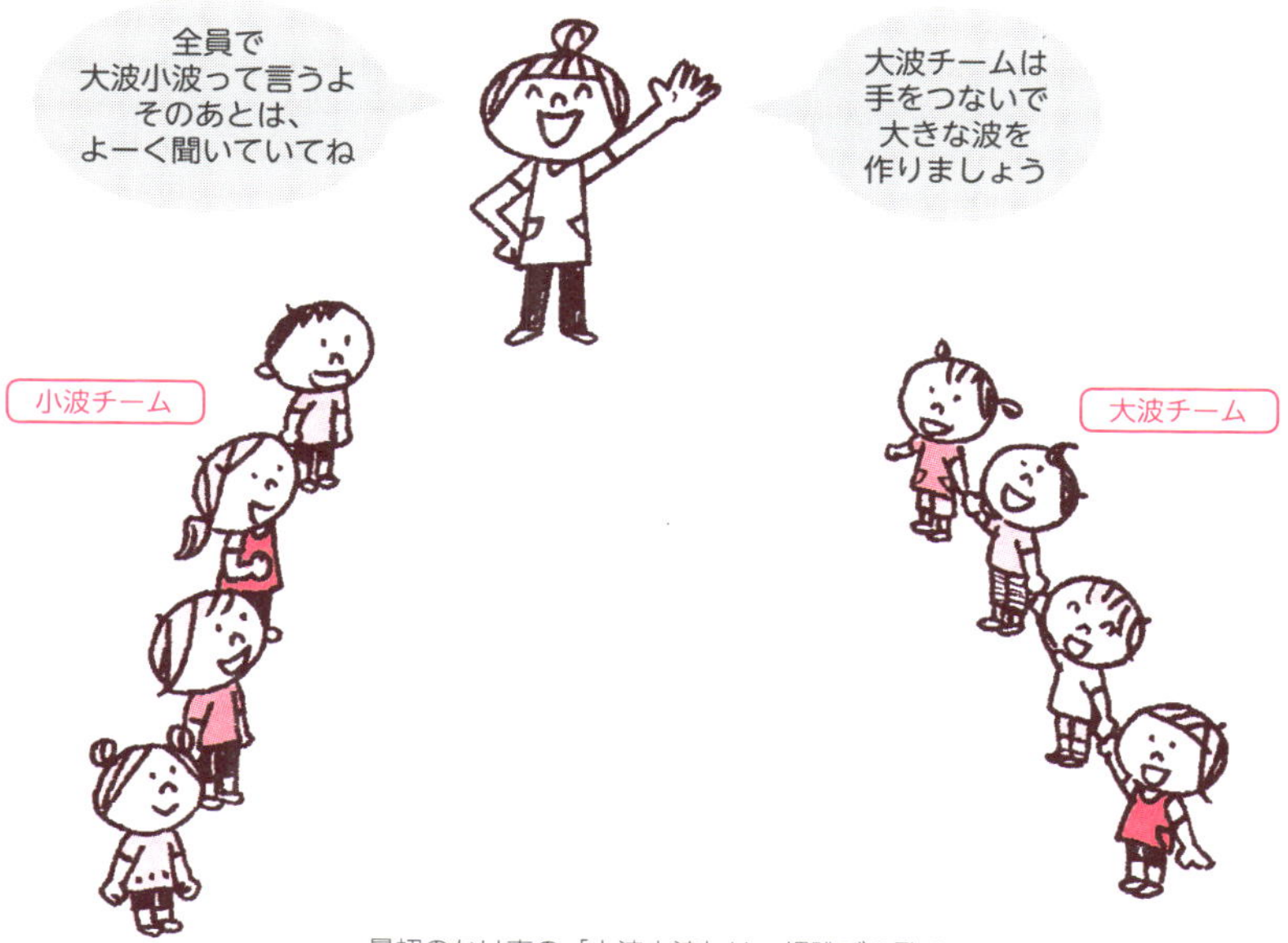
全員で
大波小波って言うよ
そのあとは、
よーく聞いていてね
大波チームは
手をつないで
大きな波を
作りましょう
小波チーム
大波チーム

最初のかけ声の「大波小波」は、縄跳びの歌のリズムに合わせて、全員で言いましょう。

2

保育者のかけ声に合わせて、小波チームの子どもたちは大波をくぐったり、越えたりして遊びます。

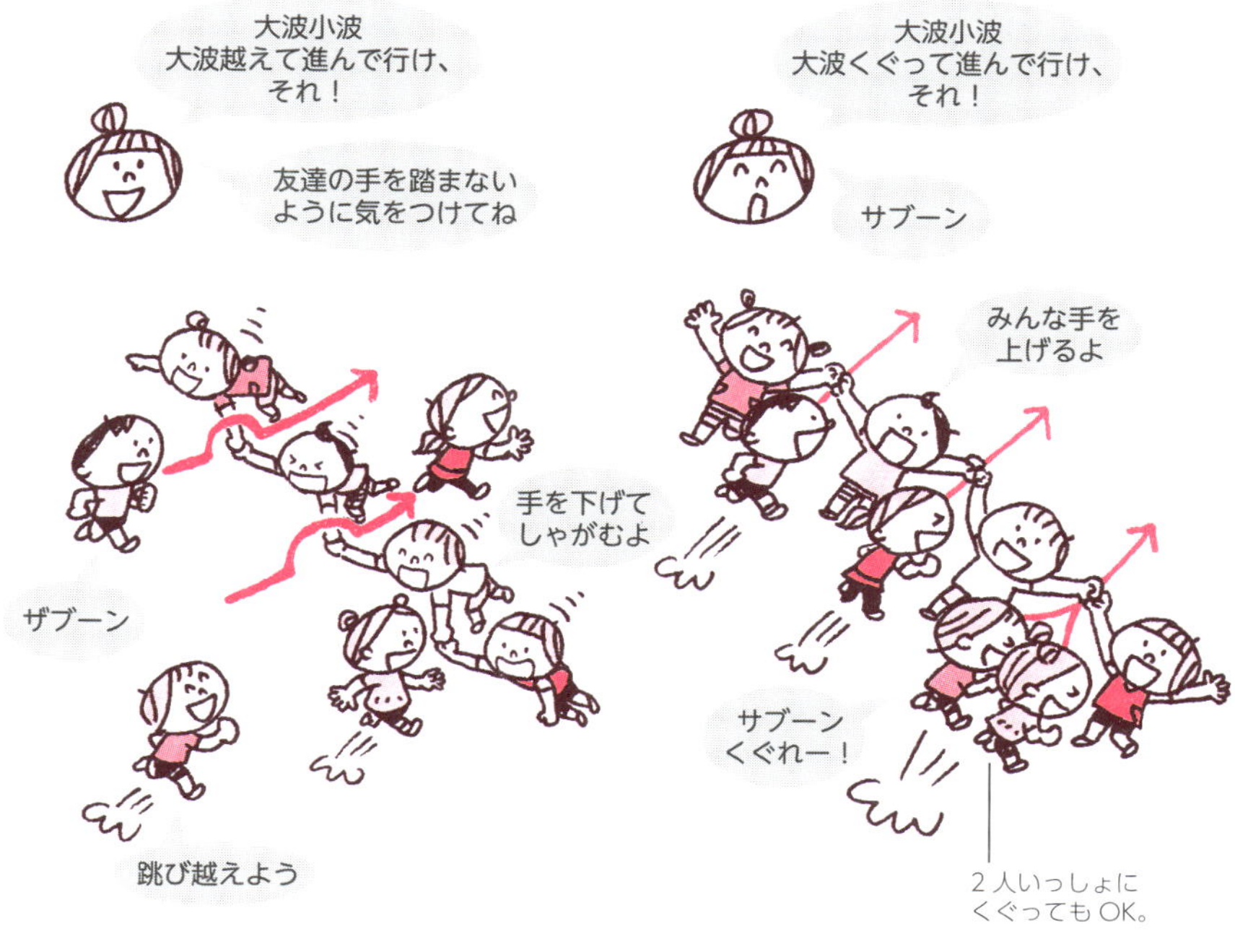
大波小波
大波越えて進んで行け、
それ！
友達の手を踏まない
ように気をつけてね
手を下げて
しゃがむよ
ザブーン
跳び越えよう
大波小波
大波くぐって進んで行け、
それ！
サブーン
みんな手を
上げるよ
サブーン
くぐれー！
2人いっしょに
くぐってもOK。

大波・小波チームを交替して繰り返し遊びます。

8月

バトル・ザ・水鉄砲

4～6人ずつのチームで戦います。それぞれの城に人数分の的を貼り、相手チームの的に全部穴が開くまで水鉄砲で撃ちます。

ねらい

相手の城を水鉄砲で攻めるというチーム対抗での水遊びを楽しむ。

的の作り方

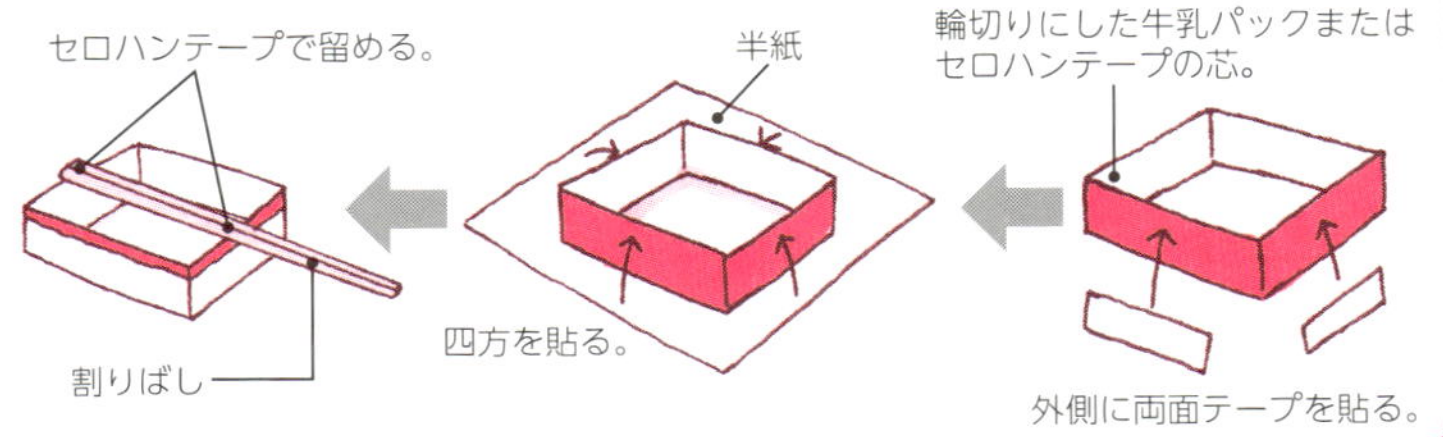
輪切りにした牛乳パックまたはセロハンテープの芯。
外側に両面テープを貼る。
半紙
四方を貼る。
セロハンテープで留める。
割りばし

城
机などに的を貼ります。
撃て！撃て！
水鉄砲
食器用洗剤の空き容器など。
陣地ライン
城

攻撃は、相手の陣地ラインの外側からのみと約束しておきましょう。

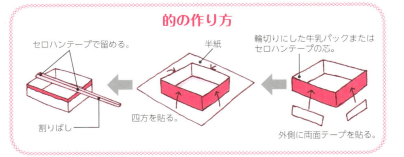

水しぶきレーサー

砂浜を走るバギーのように、水しぶきをあげながら三輪車で走り回って遊びます。

ねらい

暑さの中、水しぶきをあげて走り回る爽快感を味わう。

平らな園庭に、巧技台の棒や太い角材などを四角く並べ、その上にブルーシートを広げて水を入れて、浅くて広いプールを作ります。

くんで集めてどれくらい？

ねらい

どの容器で運ぶのが効果的かを考えながら、チームで力を合わせて、たくさんの水を集める楽しさを味わう。

1

子どもたちを2チームに分けて、いろいろな種類のペットボトルをプールに浮かべます。

いろいろな大きさのペットボトルと蓋をいっしょに浮かべます。

2

保育者の合図で、好きなペットボトルを選んで、できるだけたくさん水を入れ、蓋を閉めます。

ペットボトルに水を入れたら蓋をして、自分のチームの陣地に運びます。

3

陣地に運ばれたペットボトルの水をバケツに入れて、水の量をくらべます。

蓋が閉まっていないペットボトルはカウントされません。
多く水を集めたチームの勝ちとして遊びます。

水中玉入れ

子どもたちを2チームに分け、それぞれのチームのかごに入れた玉の数の多さを競います。

ねらい

プールでの玉入れ遊びを通して、水遊びの楽しさを十分に味わう。

かごの作り方

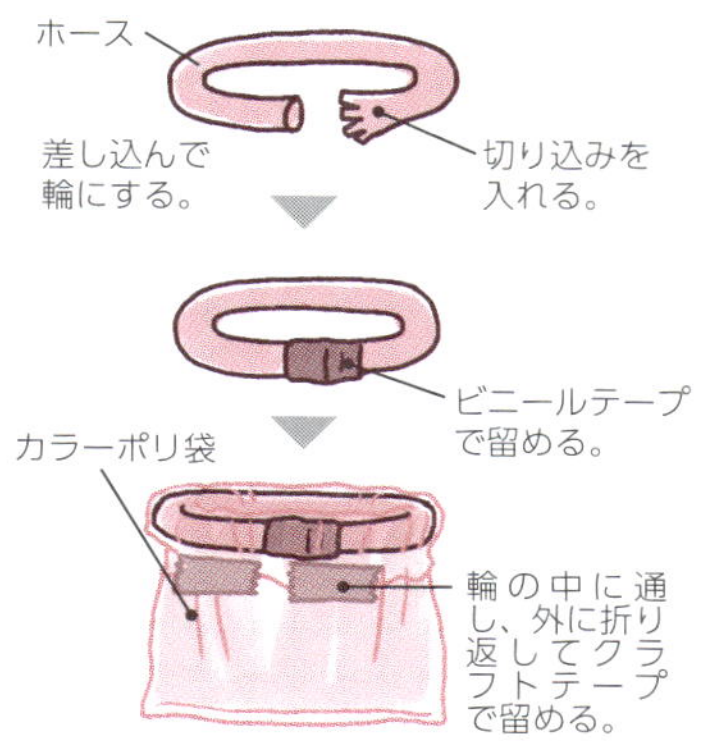
ホース
差し込んで輪にする。
切り込みを入れる。
ビニールテープで留める。
カラーポリ袋
輪の中に通し、外に折り返してクラフトテープで留める。

玉の作り方

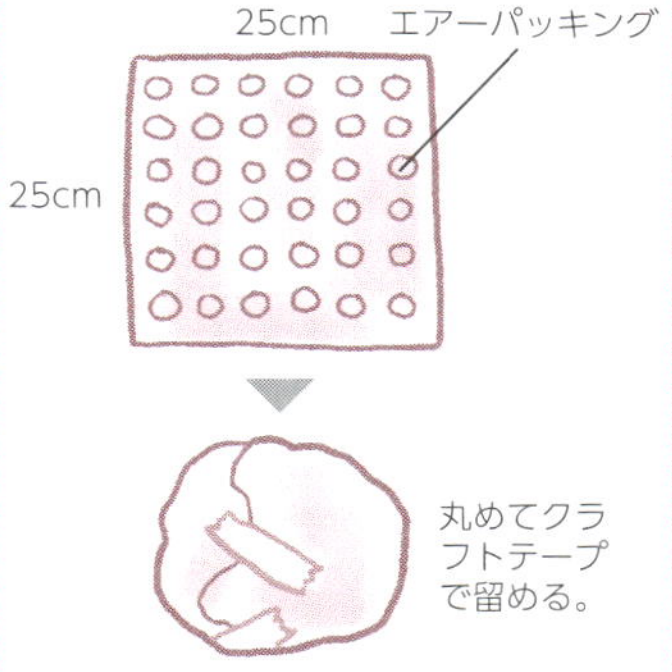
25cm
エアーパッキング
25cm
丸めてクラフトテープで留める。

よーい スタート
玉はプールに浮かべておきます。
自分たちのチームのかごに玉を多く入れた方が勝ちだよ
入れー！
玉見つけた

水中フライングディスク大会

1 クラスを2チームに分け、各チームのなかで水組と陸組を決めます。水組の人数を少し多めにします。

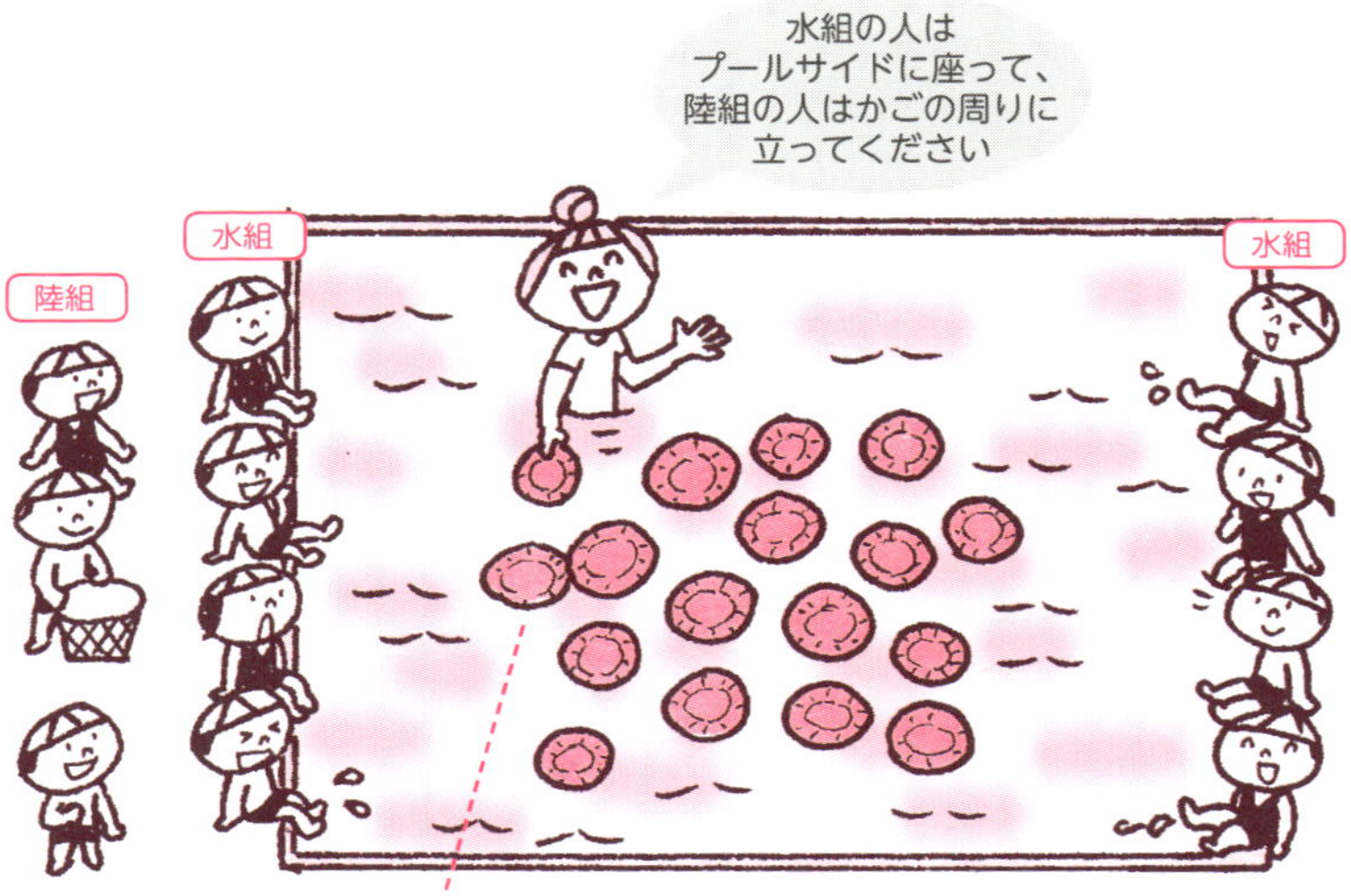
水組の人は
プールサイドに座って、
陸組の人はかごの周りに
立ってください
水組
陸組
水組
陸組

フライングディスク
直径約 15cm の耐水性加工の紙皿。

2 水組はプールの中のフライングディスクを自分のチームの陸組へ渡します。

ねらい
チームの勝利のために友達と力を合わせる楽しさを味わう。

受け取ったら
かごに入れてね
投げて
渡しても OK。
手渡ししても
OK。
NG エリア
NG エリア
落ちているディスクを拾ってかごに入れても OK。

NG エリアに入ってフライングディスクを取ってはいけません。プール内のフライングディスクが全部なくなったらゲーム終了です。たくさん集めたチームの勝ちとして、水組・陸組を交替して遊びます。

大海賊バトル

子どもたちを「守る海賊」と「攻める海賊」の2チームに分けて、宝（風船）を奪ったり、守ったりして遊びます。

ねらい

チームワークを発揮して、壁を越えて宝を奪ったり守ったりする遊びを楽しむ。

守る海賊は友達と手をつなぎ、プールの真ん中と自分たちの陣地の前に壁を作ります。攻める海賊も、取った宝を入れるため、壁になって陣地を作ります。制限時間がきたら攻守を交代します。たくさんの宝を取ったチームの勝ちとして遊びます。

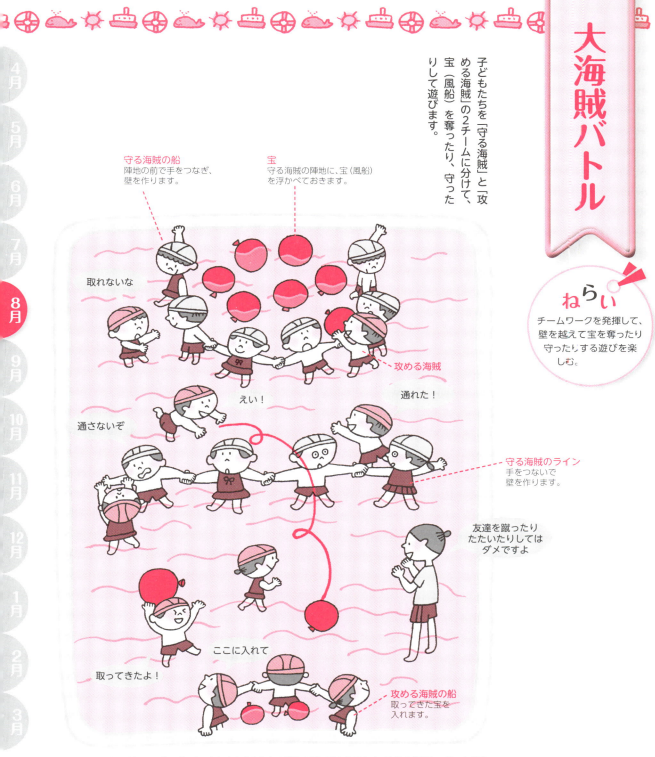

へびを捕まえろ！

2人ずつ水中を進んで、フープのトンネルをくぐり、水中のへびを捕まえます。

ねらい

遊びを通して水への恐怖感をやわらげ、自然に水に親しめるようする。

フープをくぐって、水の中に沈んでいるへびを1匹捕まえてプールから上がります
へび
傘袋に色水を入れます。
へびは水中に沈めておきます。
泳いで進んでも OK。
通れるかな？
取れた！
見えた！
フープ
歩いて進んでも OK。
がんばれー

へびは傘袋に色水を入れて作りますが、色つきのへびの代わりに、透明のへび（水を入れた物）を使うと、水の中で見えにくくなり、さらにおもしろくなります。

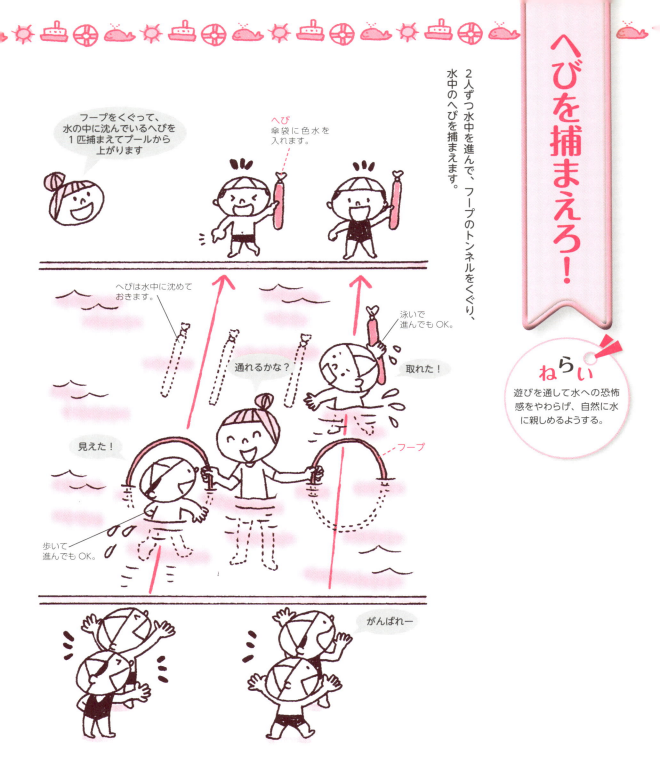

夏だよ！夏だよ！

ねらい

指示に合わせた動きを楽しみながら、リズムに乗って遊びに参加する。

1

保育者の言葉に合わせて、ポーズの練習をします。

すいかだ！
パッカーン！

棒ですいかを割るまねをします。

プールだ！
スイスイ！

泳ぐまねをします。

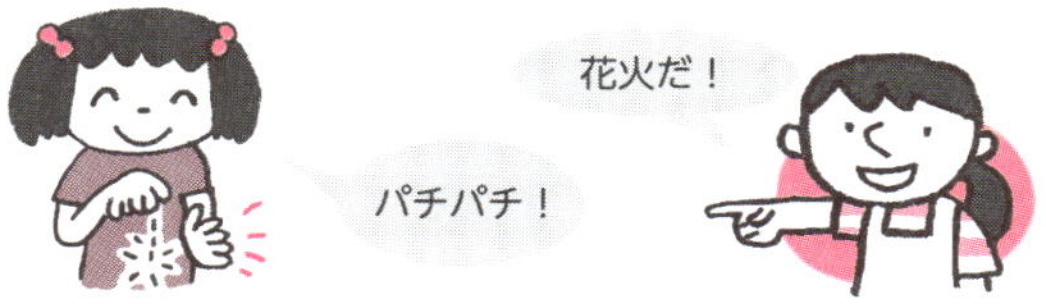
花火だ！
パチパチ！

花火を持つまねをし、片手で火花のパチパチした様子を表現します。

おばけだ！
きゃー！

保育者に捕まらないように逃げます。

2

「おべんとう」のリズムに合わせてうたいながら歩き、保育者の言葉に合わせたポーズをとって遊びます。

♪夏だよ　夏だよ
夏が来た
すいかだ！
パッカーン！
パッカーン！
あっ！
間違えた！

•歌•
「おべんとう」（作詞／天野蝶　作曲／一宮道子）

昆虫を探そう

ねらい

昆虫カードを隠す場所を工夫したり、隠した場所を推理して見つける楽しさを味わう。

1

子どもたちを2チームに分けて、先攻・後攻を決めます。先攻チームは園帽子や園バッグを身につけて、昆虫カードを好きな場所に隠します。

昆虫カードを好きな場所に隠してね
手のひらの間に挟もう
先攻チーム
帽子の中にしよう
足の下に…
後攻チーム

後攻チームは後ろを向き、先攻チームがどこに隠しているのか見ないようにします。
昆虫カードは図鑑をコピーして作ります。

2

先攻チームは、昆虫カードを隠したら「木」のイメージでポーズをとります。後攻チームは、制限時間内にカードを探します。

そうだね
手の中にありそう！
かばんの中にあるんじゃない？
足の下かな？
見つかっちゃった！

先攻・後攻を交代して遊び、どちらのチームが多く昆虫カードを集められたか競って遊びます。

おばけ退治

台の上に置かれたおばけを目がけて玉を投げ、おばけを倒して遊びます。

ねらい

ねらった的に玉を当てる楽しさと、倒した喜びを味わう。

おばけの作り方

ポリ袋に、くしゃくしゃにした新聞紙を入れて、輪ゴムで留める。
目、鼻、口を描く。
うちわにおばけの絵を描く。
ペットボトルにおばけの絵を描く。

おばけの顔は子どもたちといっしょに描きましょう。ペットボトルには少し水を入れると、倒れにくくなり、楽しさが増します。

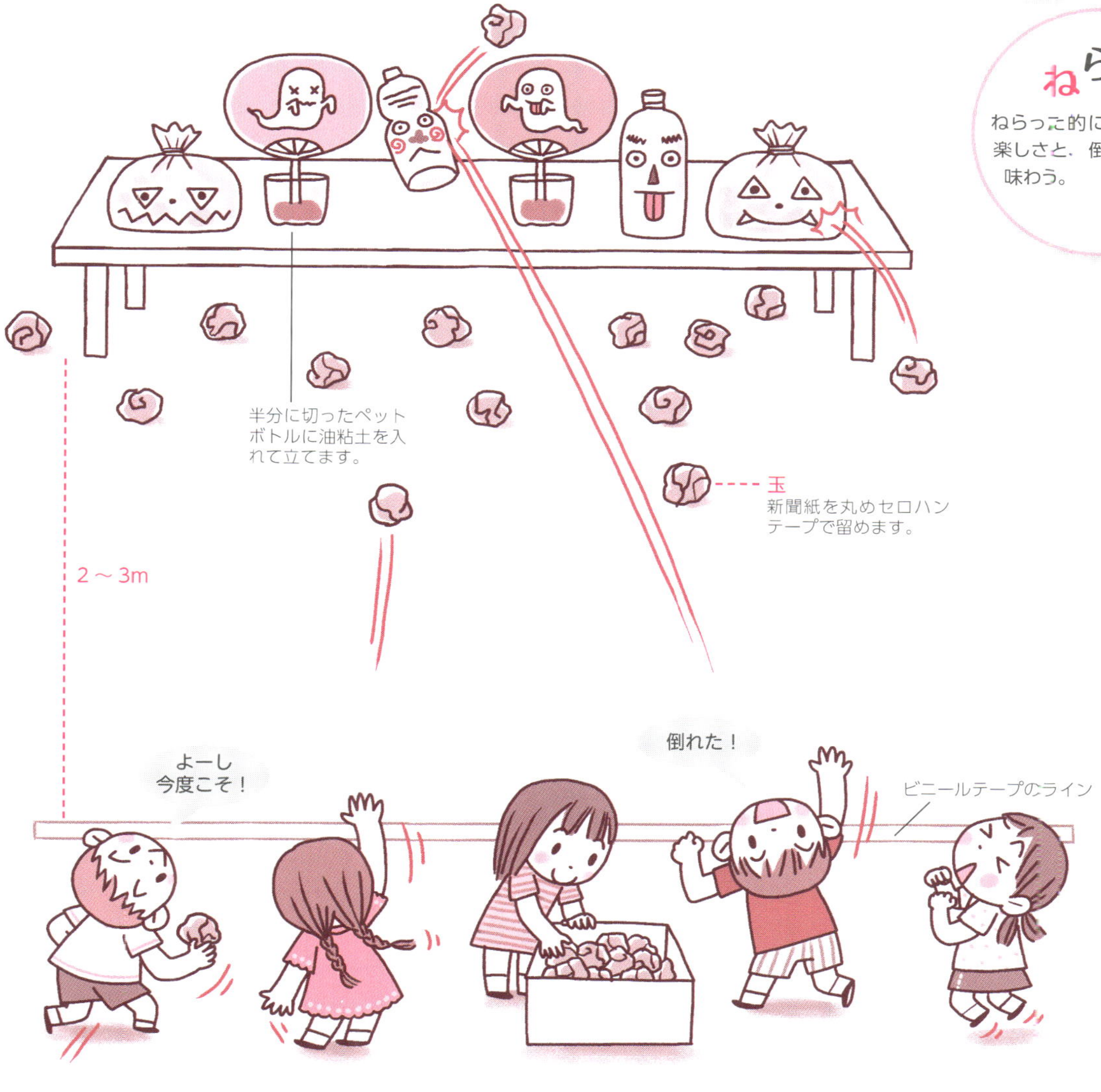
半分に切ったペットボトルに油粘土を入れて立てます。
玉
新聞紙を丸めセロハンテープで留めます。
2～3m
よーし
今度こそ！
倒れた！
ビニールテープのライン

9月 かっぱ修行

ねらい
帽子を落とさないように逃げるという、難しい鬼ごっこに挑戦する。

1 帽子を逆さまにして頭に載せ、かっぱになります。赤かっぱを1人決めます。

かっぱの格好になります。お皿（帽子）を落とさないように歩けるかな？
お皿を手で押さえちゃダメよ
ぐらぐらする
むずかしー
赤かっぱ
帽子の色を他の子と変えます。

2 赤かっぱが「かっぱ　かっぱ…」と10回唱えてからスタートします。赤かっぱにタッチされたら、赤かっぱを交代します。

落ちるー
落としたら
その場で拾います。
待てー
姿勢よくしないと
お皿が落ちちゃう
赤かっぱ
ぼく、ずっと
捕まっていない

赤かっぱが「かっぱ　かっぱ…」と 10 回唱えている間に、他のかっぱは逃げます。

赤かっぱが交代したら、また、「かっぱ　かっぱ…」と 10 回唱えてスタートします。

ゴールデン焼きそば

子どもたちを2チームに分けます。子どもたちは1人ずつスタートし、焼きそばの中から金色の焼きそばを1本、割り箸でつまみ、隣の紙皿の上に載せます。

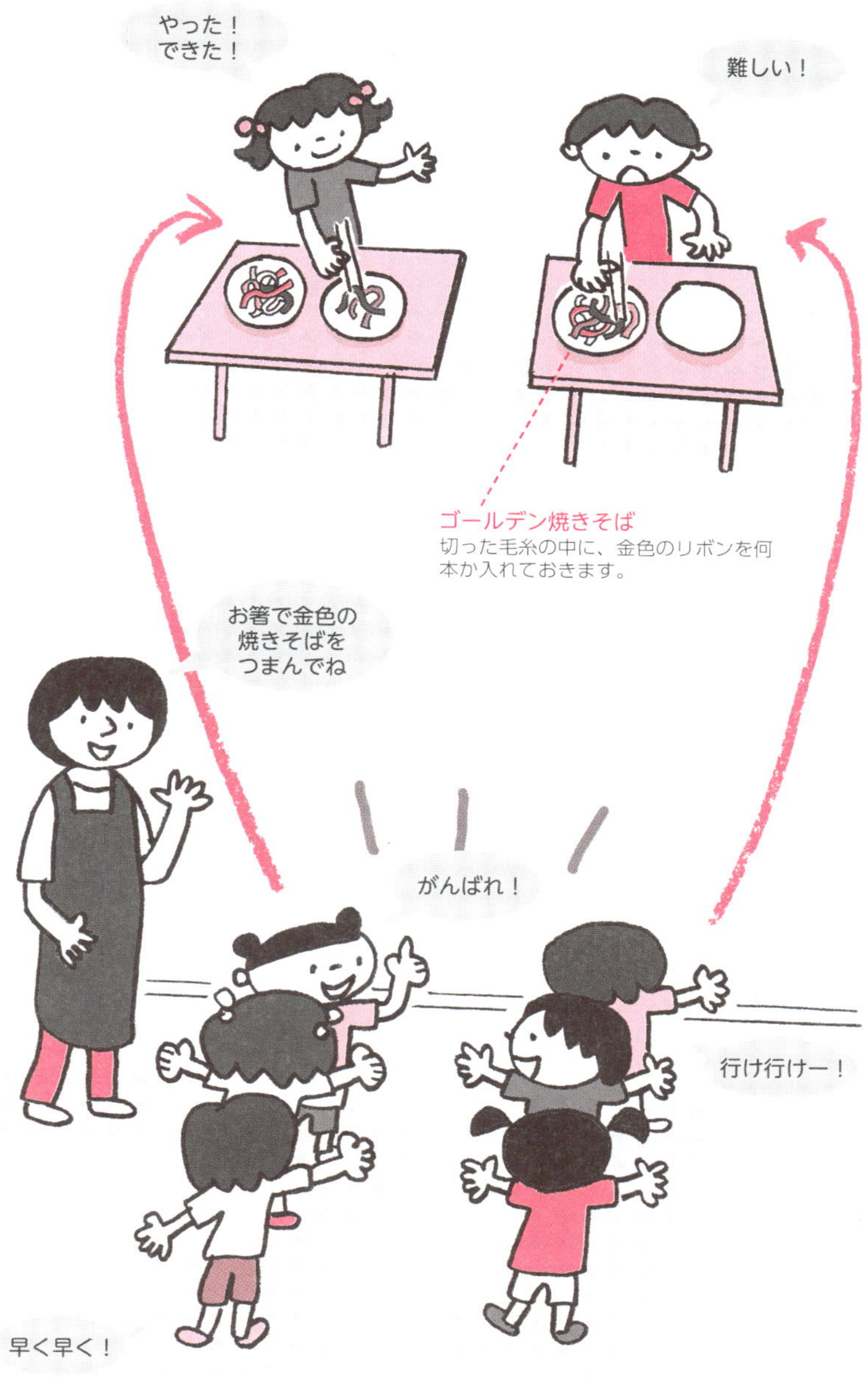
やった！
できた！
難しい！
ゴールデン焼きそば
切った毛糸の中に、金色のリボンを何本か入れておきます。
お箸で金色の焼きそばをつまんでね
がんばれ！
行け行けー！
早く早く！

ねらい

器用に箸を使うことが求められる遊びに参加し、できたときの喜びを味わう。

1本移したら割り箸を置き、スタート地点に戻って次の子へバトンタッチします。早く全員が終了したチームの勝ちとして遊びます。途中で金色の焼きそばが無くなったら、保育者が足してあげましょう。

たすけるWA

ねらい

自分のチームが有利になるように、友達と協力してゲームを楽しむ。

1

2チームに分かれ、それぞれのチームで王様を決めます。各チームの王様は円の中にスズランテープをつけたフープを置いて立ちます。

子ども
王様

王様は画用紙で作った冠をかぶり、たすきをかけます。

2

スタートの合図で、王様以外の子どもたちはそれぞれ相手チームを追いかけてタッチし、じゃんけんをします。負けた子どもはその場でしゃがみ、「石」になります。

じゃんけん
石

3

石になった子を復活させるため、王様は同じチームの子とペアになり、フープを持って石になった子のところへ行きます。

フープをくぐらせたら、石になっていた子は自由に動けるようになります。

4

円から出ている王様にはタッチできます。相手チームの子どもは王様を狙って追いかけ、どちらかの王様がじゃんけんに負けたらゲーム終了です。

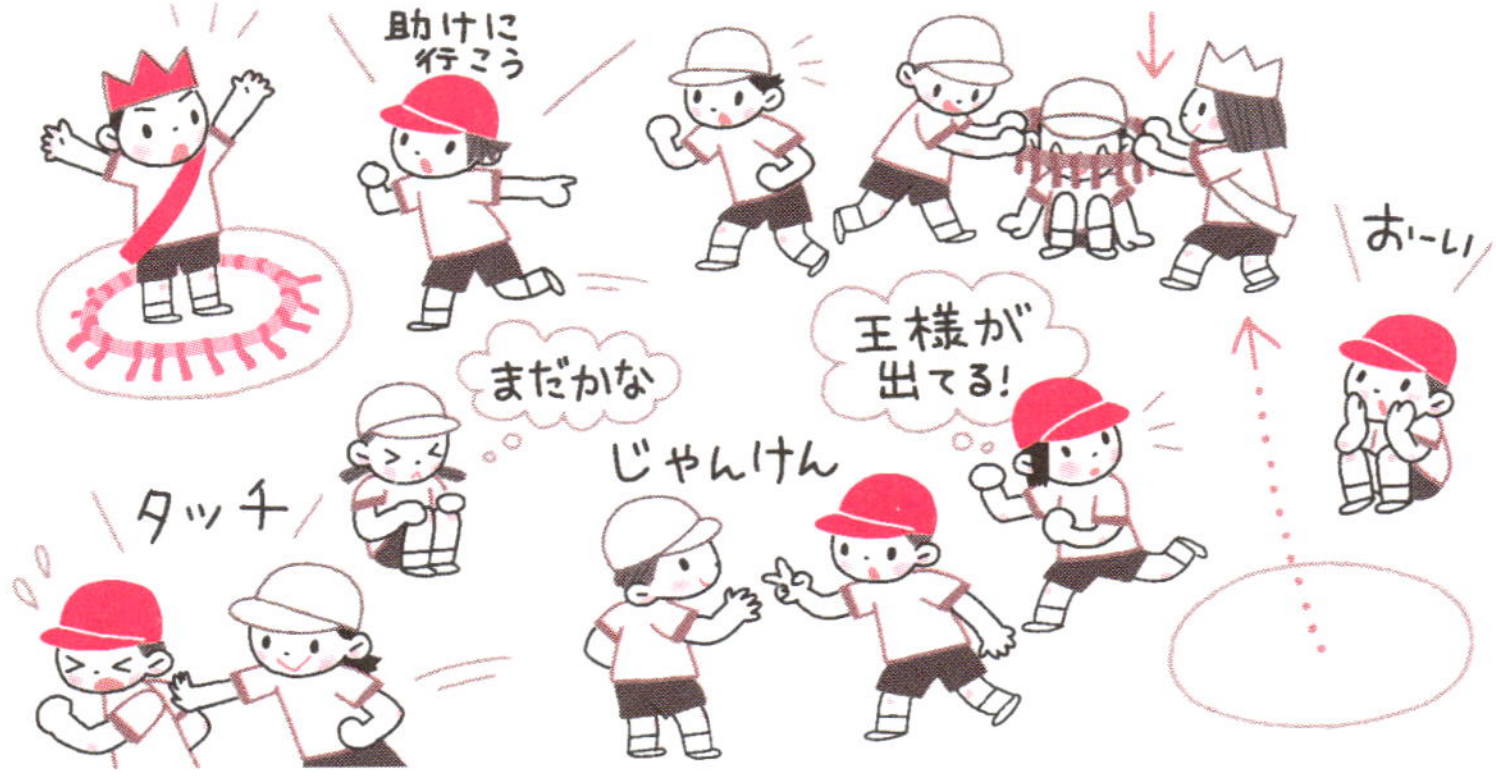

助けに行こう
おーい
王様が出てる!
まだかな
じゃんけん
タッチ

おおかみなんか怖くない

ねらい

おおかみの答えによって逃げ方が違うというルールを理解し、友達とダイナミックな遊びを楽しむ。

1

おおかみ役を1人決め、他の子どもたち（子ぶた）は、3つのグループに分かれて家に入ります。

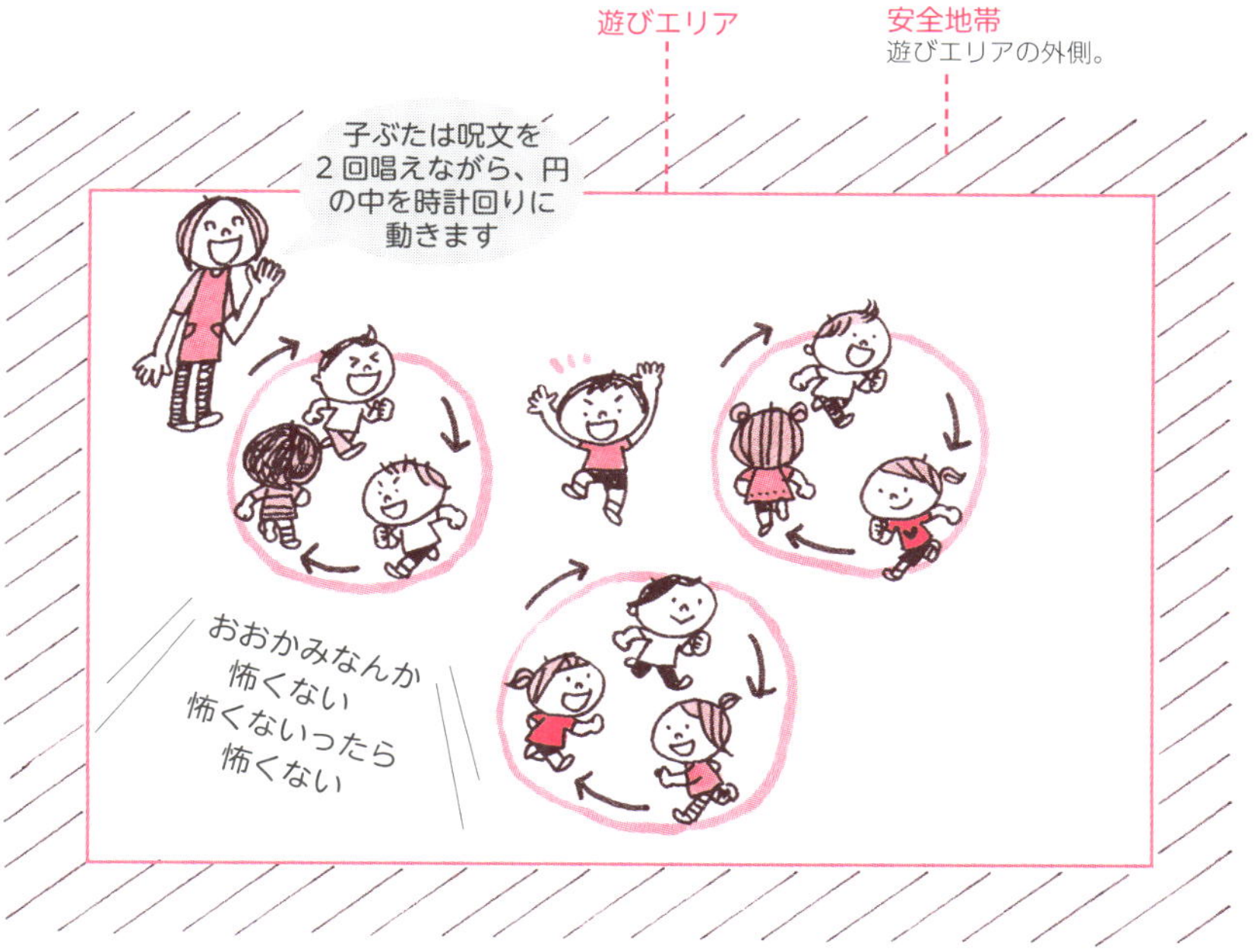
遊びエリア
安全地帯
遊びエリアの外側。
子ぶたは呪文を2回唱えながら、円の中を時計回りに動きます
おおかみなんか怖くない
怖くないったら
怖くない

2

おおかみは「トントントン」と声をかけ、子ぶたは「なんの音？」と応じます。おおかみの答えによって子ぶたは逃げる場所を変えます。

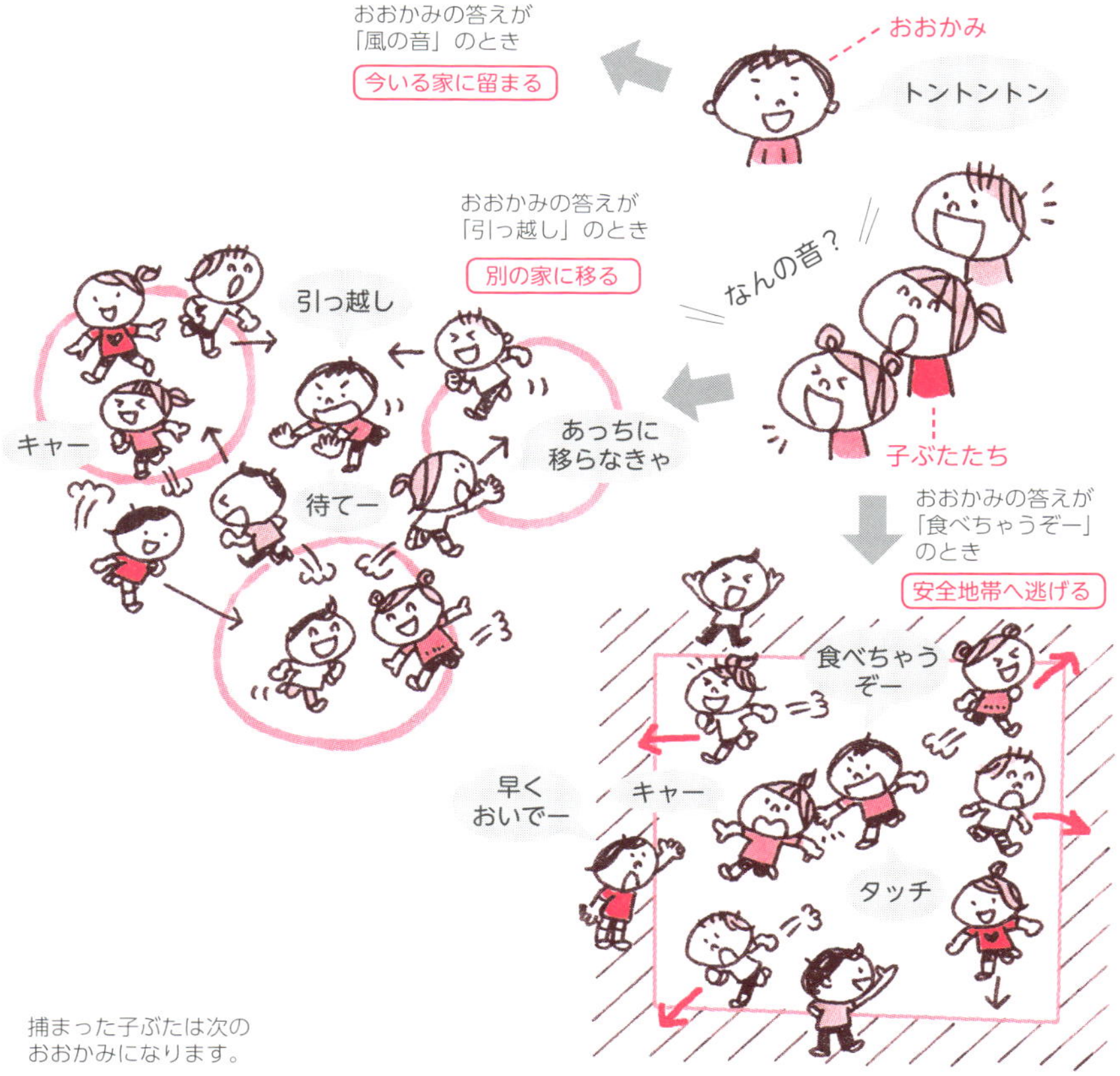
おおかみ
トントントン
おおかみの答えが「風の音」のとき
今いる家に留まる
なんの音？
子ぶたたち
おおかみの答えが「引っ越し」のとき
別の家に移る
引っ越し
キャー
あっちに移らなきゃ
待てー
おおかみの答えが「食べちゃうぞー」のとき
安全地帯へ逃げる
食べちゃうぞー
早くおいでー
キャー
タッチ

捕まった子ぶたは次のおおかみになります。

仲良しロボット

ルール

1 子どもたちはロボット役・操縦士役の2人1組になります。ロボット役は、好きなロボットを選んでかぶり、その場に座ります。

ロボットの作り方

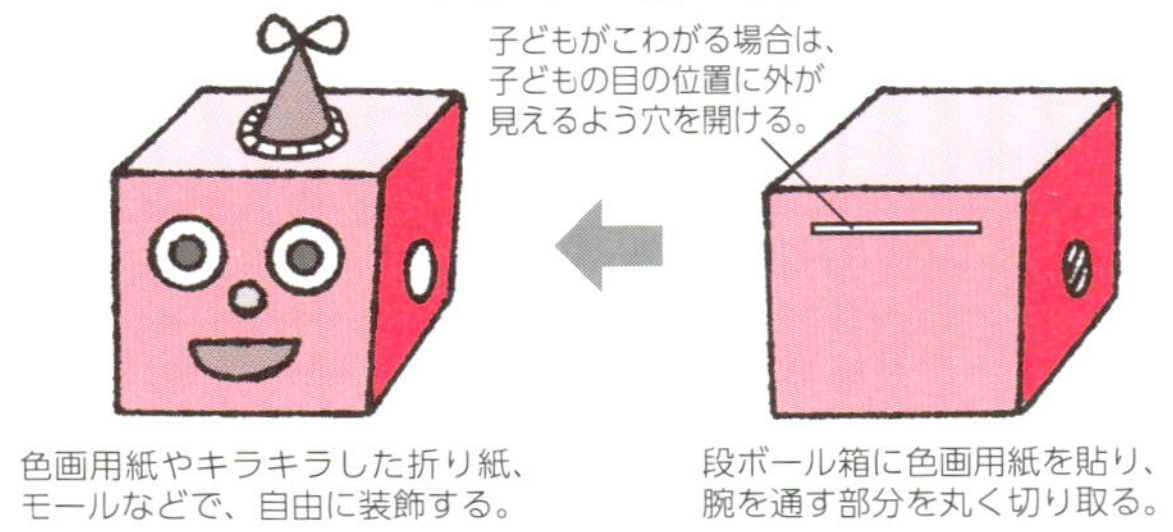
子どもがこわがる場合は、
子どもの目の位置に外が
見えるよう穴を開ける。
色画用紙やキラキラした折り紙、
モールなどで、自由に装飾する。
段ボール箱に色画用紙を貼り、
腕を通す部分を丸く切り取る。

円を描き、その中に
ロボットを置いておきます。
これにしよう
あっちが
いいかな
ゴール
スタート
ロボット役
操縦士役

ロボット役ではない子どもは、後ろを向くなどして、自分のペアがどのロボットに入っているのか見ないようにします。

2 合図でスタートしたら、操縦士役は自分のペアを探し、手をつないでゴールを目ざします。

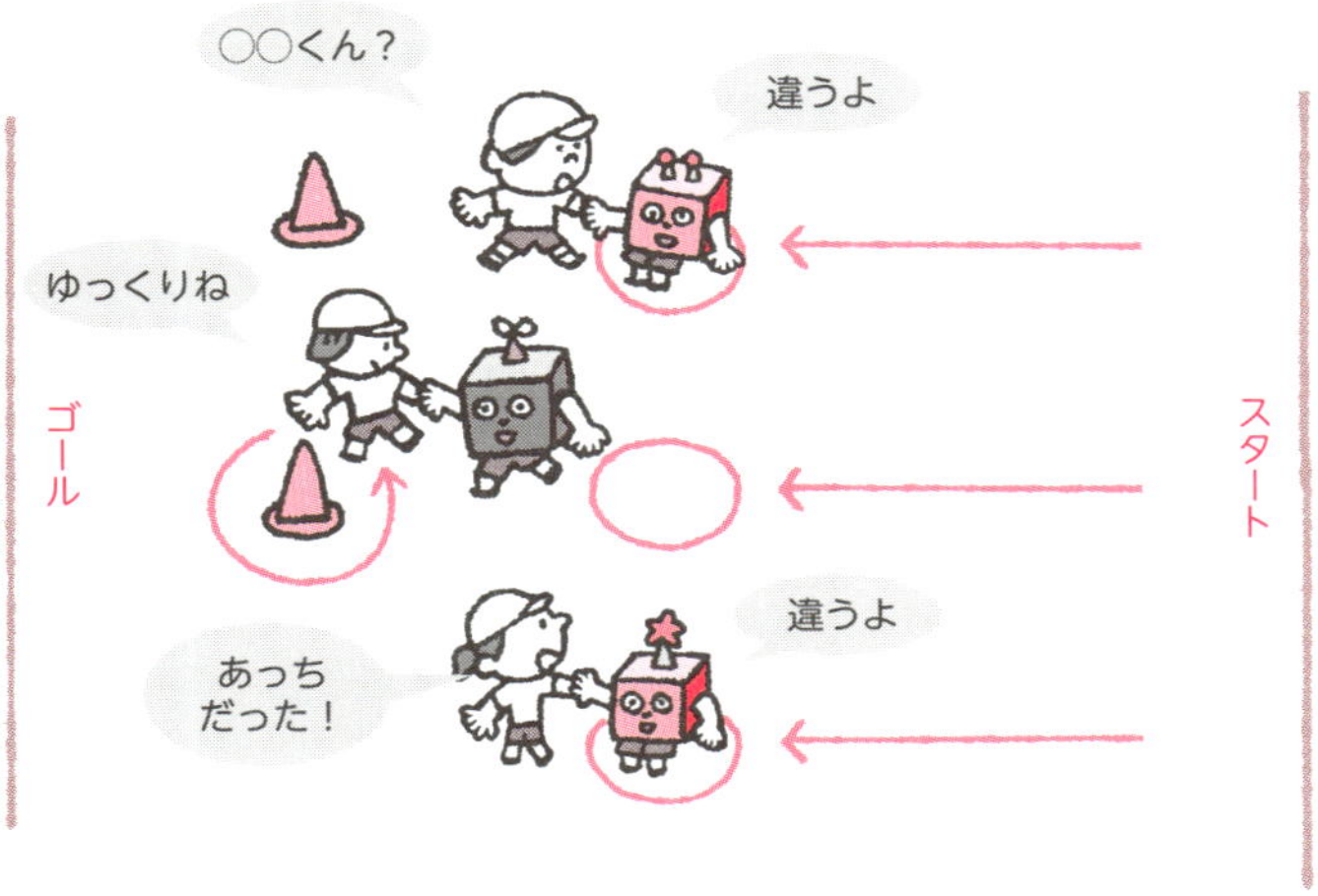
○○くん？
違うよ
ゆっくりね
あっち
だった！
違うよ
ゴール
スタート

ロボット役の子どもは、自分のペアではない子が来たら、「違うよ」と言います。
ペアを見つけられたら手をつないで走り、カラーコーンを１周してからゴールします。

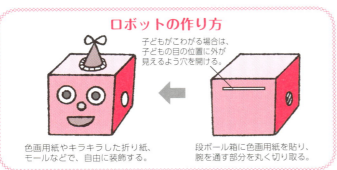

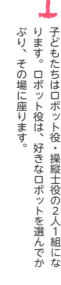

ボールを運んでシュート

ルール

1 子どもたちを紅白の2チームに分けます。チーム内で4人1組になり、段ボール板でボールを運びます。

2 板にボールを載せてスタートします。ボールを落とさないようにカラーコーンを回り、スタート地点にある段ボール箱に手を使わずに入れたら、次の組に板とボールを渡してバトンタッチします。アンカーが先にゴールしたチームの勝ちです。

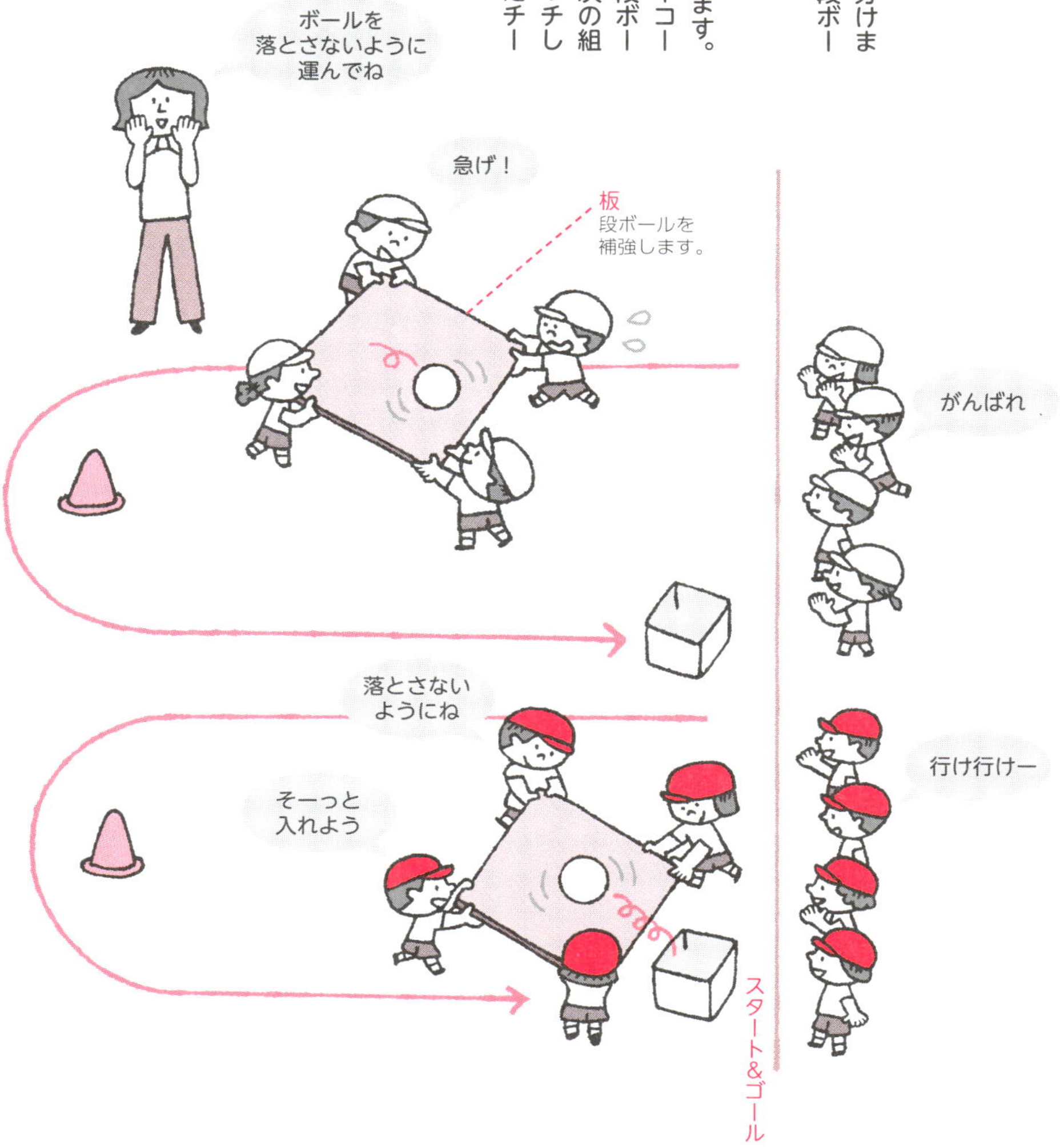

ボールを落とさないように運んでね
急げ！
板
段ボールを補強します。
がんばれ
落とさないようにね
行け行けー
そーっと入れよう
スタート&ゴール

ボールを落としてしまったら、その場で止まり、ボールを載せて再びスタートします。

急げ！忍者隊

ルール

保育者の合図でスタートします。障害物をクリアして、ゴールにいる保育者に秘伝の巻き物を届けます。

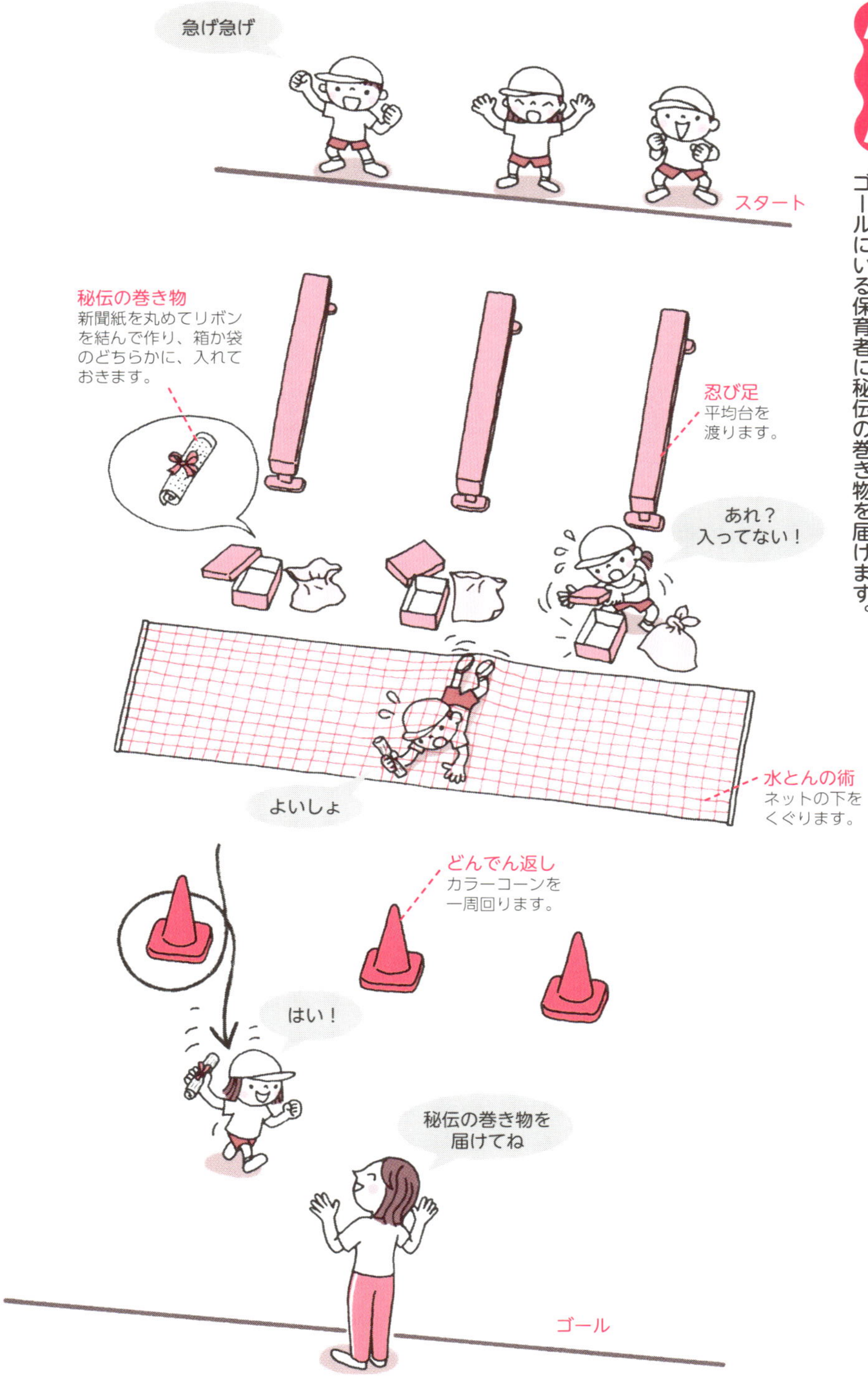
急げ急げ
スタート
秘伝の巻き物
新聞紙を丸めてリボンを結んで作り、箱か袋のどちらかに、入れておきます。
忍び足
平均台を渡ります。
あれ？入ってない！
水とんの術
ネットの下をくぐります。
よいしょ
どんでん返し
カラーコーンを一周回ります。
はい！
秘伝の巻き物を届けてね
ゴール

平均台を渡って、箱か袋のどちらかに入っている巻き物を取り、網をくぐります。
カラーコーンを１周してから、ゴールにいる保育者に巻き物を届けます。

拾って拾って 集めてゴー!

ルール

1 子どもたちを紅白の2チームに分けて、チーム内で2人1組になります。

2 「スタート」の合図で陣地から箱を持ってスタートし、自分のチームと同じ色の玉を拾って箱に入れます。

3 どちらが早く自分のチームの玉を全部箱に入れて、陣地に戻れるか競います。

白チームの陣地
自分のチームの色の玉を拾ってね
もっと入れよう
玉入れ用の紅白玉
段ボール箱の側面に、紐の持ち手を貼っておきます。
たくさん集まったね
よいしょ
いっぱいだね
あっ！落ちちゃった
紅チームの陣地

10月

どんぐりとりす

ねらい

友達の様子をうかがったり、ごまかしたりして、ゲームならではのやりとりを楽しむ。

1

チームを2つに分けて先攻と後攻を決めます。各チームの先頭の子を「りす」役にします。

2

後攻チームはどんぐりカプセルを後ろに回した手で隣の子に渡していきます。

先攻チームのりす役が前に出ます。後攻チームは、先攻チームに見えないように気をつけて隣の子に渡し、適当なところでストップします。

3

先攻チームの「りす」役は、どの子がどんぐりカプセルを持っているか当てます。

どんぐりカプセルを持っている子を当てたら、次の子が「りす」役になり、続けます。外したら後攻チームと交替します。全員が先に「りす」役を終えたチームの勝ちです。

どんぐりチャンピオン

ねらい

どんぐりをもらったり、あげたりするやりとりを楽しむ。

1

どんぐりが入ったどんぐりカップを首から下げて、歩き回ります。

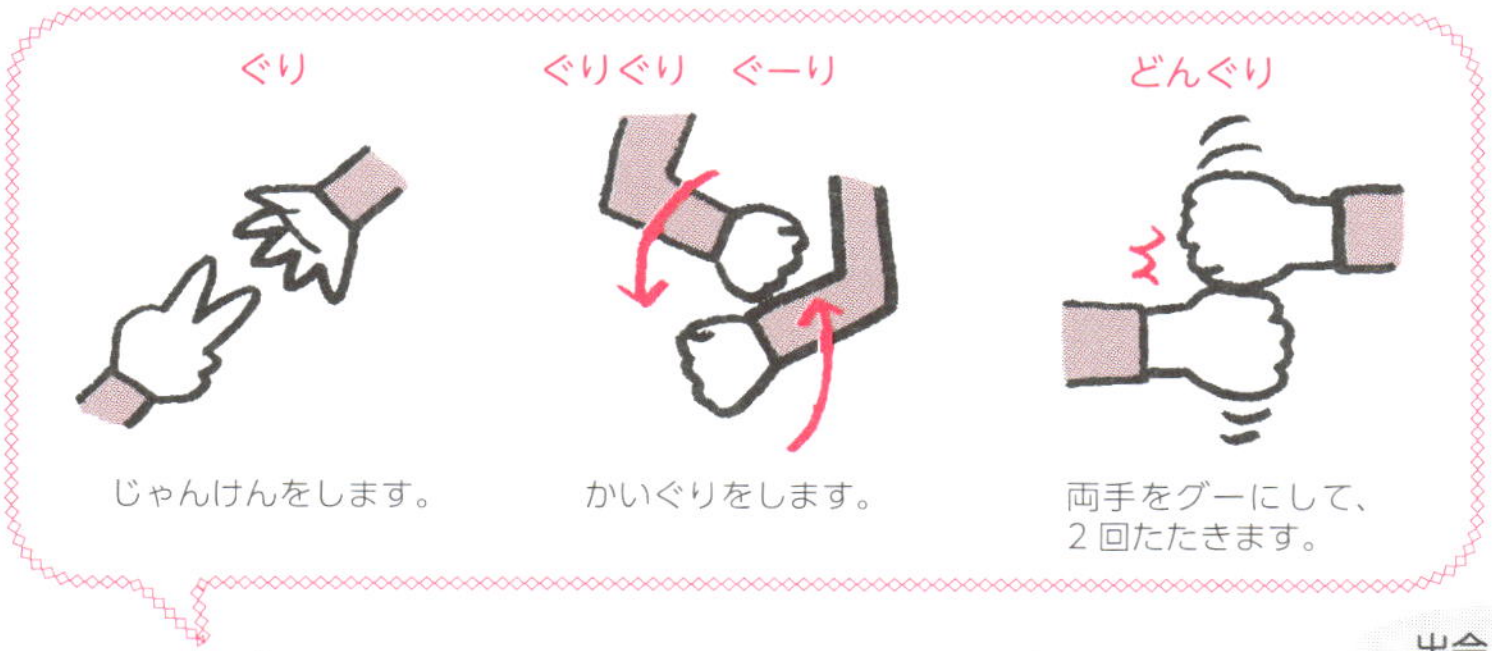
ぐり
じゃんけんをします。
ぐりぐり　ぐーり
かいぐりをします。
どんぐり
両手をグーにして、
２回たたきます。

どんぐり　ぐりぐり　ぐーり　ぐり
出会った子と
じゃんけんしてね
どんぐりカップ
紙コップにリボンを
付け、どんぐりを３
～４個入れます。

出会った子と「どんぐり ぐりぐり ぐーりぐり」と言いながら、じゃんけんをします。

2

勝ったら、負けた子からどんぐりを1個もらいます。

１個どーぞ
勝った子は
負けた子からどんぐりを
１個もらってね
やった！
今度は
負けないよ

あいこだった場合は、勝敗が決まるまでじゃんけんをします。どんぐりが全てなくなった子は、保育者の横へ移動します。制限時間を決めて、最終的にいくつどんぐりを集められたか、全員で発表し合って遊びます。

おいしいきのこはどこだ？

ねらい

どれがおいしいきのこなのかを当てる楽しさと、間違えるかもしれない緊張感を味わいながら遊ぶ。

1 子どもたちを5人ずつのチームに分け、1人1枚ずつきのこ札を持ちます。

きのこ札の作り方

おいしいきのこ
うたうきのこ
走るきのこ
踊るきのこ
くすぐりきのこ

丸い画用紙にお題に合わせてきのこの絵を描き、割り箸に貼る。裏面は全て白。

まずは
先攻チーム
からよ
おいしいきのこは
○○ちゃん
先攻チーム
後攻チーム

先攻チームの端の子から順番に、誰が「おいしいきのこ」札を持っているのか、指名します。

2 「おいしいきのこ」を当てられなかったら、指名した子が持っているきのこ札に描いてある絵と同じ動作をします。

残念！ 走るまねを
しましょう
わたしは走る
きのこです！
違った！

先攻チームの誰かが「おいしいきのこ」を当てるまで続け、当てたら後攻チームと交替します。きのこの札を持ち替え、立つ位置を替えて繰り返し遊びます。

もすもすコスモス

ねらい
いろいろなポーズを楽しみながら、かけひきの要素があるおにごっこを楽しむ。

1 おにを1人決めます。他の子どもたちはコスモスになり、おにのかけ声に合わせてポーズをします。

おにが「もすもすコスモス咲きました」と言ったら、みんなは「咲きました」と言ってコスモスのポーズで止まってね
咲きました！
コスモス
もすもすコスモス咲きました
おに
咲きました！

コスモスのポーズは花が咲いているように、手や指を開くなど思い思いの格好をします。

2 コスモスは5数えます。数え終えたコスモスをおにが追いかけてタッチします。

数えている間、おにはタッチできないよ
いーーちーー、にーー
いち、に……
待てー
いち、に、
おに
いちにさんしご!!

コスモスは数を遅く数えても速く数えてもOK。コスモスが数を数えている間、おにはタッチできません。タッチされた子がおにになり、続けて遊びます。

焼きぐり焼けたかな？

ねらい

秋の自然物に見立てた遊びで、季節を感じながらゲームのスリル感を味わう。

1

焼きぐり役を決めて、残りの子どもたちは円になって手をつなぎ、みんなでかけ声をかけながら回ります。

やきぐり　やきぐり　やけたかな？

焼きぐり役は真ん中で目を閉じ、両手を頭の上で合わせてしゃがみます。

2

かけ声が終わったら、焼きぐり役の真後ろに止まった子から手を載せていきます。

1本！
2本！

3

焼きぐり役は好きなタイミングで「焼けた！」と言って元気よく立ち上がります。

3本…あっ！

焼きぐり役が立ち上がったときに、一番上に手を載せていた子が次の「焼きぐり役」になります。繰り返して遊びましょう。

赤白どっち!?

ねらい
保育者の動きに惑わされず、言葉をよく聞いて指示された内容を正しく判断して遊ぶ。

1 保育者のかけ声に合わせて同じポーズをとって遊びます。

まずは赤の
「手と足」を上げて
上げるときは、
「手」「足」「手と足」
があるよ！
赤の色カード
白の色カード
赤の紙テープ
白の紙テープ

手に色カードを持ち、足に紙テープを巻きます。右手足に白、左手足に赤と、同じ側に同じ色がくるようにします。

2 保育者は、わざとかけ声と違う動きをします。子どもたちはかけ声をよく聞いて、保育者のかけ声に合わせた動きをします。

はい！
白の手を
上げて
引っ掛かっ
ちゃった
ハズレ
正解
足も
上げちゃった！
当たったー
やったー
正解
ハズレ

おでかけしましょう

1

歌の⁒のところでいろいろな乗り物のポーズをして遊びます。

❶♪バスにのって

両手でハンドルを握っているように手を動かします。

❷♪ひこうきのって

両手を横に伸ばして、体を左右にひねります。

❸♪ふねにのって

両手を横に伸ばして、左右に揺れます。

❹♪ロケットのって

しゃがんでからジャンプをします。

❺♪おでかけしましょう どこにいきましょう

右を向いて、グーにした両手を上下に動かします。左を向いて、同様に動かします。

❻♪○○のったら はいついた

バスー

○○に入る乗り物を自由に考えて、その乗り物に乗っているまねをします。

ねらい

いろいろな乗り物のポーズを楽しむとともに、数に合った人数で輪を作る遊びを楽しむ。

2

うたい終わったら、保育者が「こうえん」「むじんとう」など、到着した場所を言います。子どもたちは❻でうたった乗り物の動きをしながら、言葉の音の数と同じ人数で集まり、手をつないで円になってその場で座ります。

こうえん
こうえんだから4人だね
ブーン

おでかけしましょう

（作詞・作曲／小沢かづと）

F Gm C7 F
バ ス にのっ て （バ ス にのっ て） ひ こう きのっ て （ひ こう きのっ て） ふ ね にのっ て （ふ ね にのっ て） ロ ケッ トのっ て （ロ ケッ トのっ て）
B♭ F Gm C7 F C7 F
お でか けし ましょう （お でか けし ましょう） ど こに いき ましょう （ど こに いき ましょう） ○ ○ のったら （○ ○ のったら） はいつい た （はいつい た）

トリック オア トリート

ねらい

あめかこうもりどちらを取るか、ワクワクドキドキしながら行事にちなんだ遊びを楽しむ。

1 子どもたちは、あめを2つ、こうもりを1つ入れたバッグを持って歩き回り、出会った子とじゃんけんをします。

あめとこうもりの作り方

あめ
こうもり

丸めたティッシュペーパーを折り紙であめのように包む。こうもりも同様に作り、表情を描く。

帽子の作り方

色画用紙で三角帽子を作り、平ゴムを付ける。

バッグの作り方

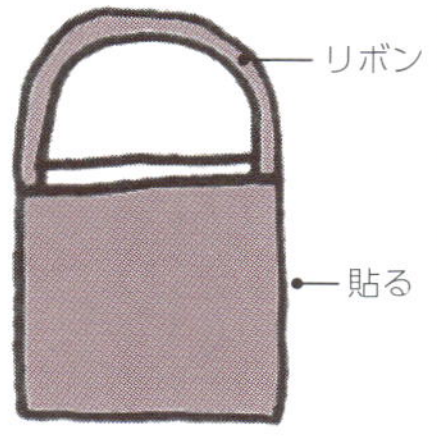
リボン
貼る

色画用紙でバッグを作り、持ち手のリボンを付ける。

勝った！
負けた！

2 勝った子は負けた子のバッグの中を見ないようにして手を入れて、どれか1つを取ります。あめだったら「トリート」と言い、そのままあめをゲットします。こうもりだったら「トリック」と言い、くすぐられます。

なにかな？
トリック！

誰が一番多くあめを集められたか、競って遊びます。

回転SUSHI

1

いかやえびなど、お寿司のねたになったつもりで踊ります。

❶♪すしすしすし　おすし

つんつん
つんつん

その場で軽く駆け足をしながら、両手の手のひらを合わせて左右につんつんします（右、左、右、左と計４回）。

❷♪めぐるせかいの かいてんSUSHI

❶で合わせた両手を外側にくるりと半回転します。

❸♪ぜんてん　そくてん

ぴょん
ぴょん

両手を前に出し、足をそろえて１歩前にぴょん。同じポーズのまま、後ろに１歩ぴょん。

❹♪だいかいてん

手を左右に開いて、その場で１周します。

❺♪すしはにぎりとこころいき

両手でピースをしながら、ジャンプをします。

ねらい

お寿司のねたになったつもりで、体全体で表現する楽しさを感じながら遊ぶ。

回転 SUSHI

（作詞・作曲／犬飼聖二）

C
F
G
すしすしす し お す し
めぐるせかいの かい てん SU SHI
F
Em
F
G7
C
ぜん てん そ くてん
だ い か いてん
す し は に ぎ り と
こ こ ろ い き
C
いか (いか) えび (えび) うに (うに) かっぱまき (かっぱまき)
C
しゃこ (しゃこ) トロ (トロ) へーい おまち

❻♪いか（いか）

両手を上げて頭の上で三角を作ります。

❼♪えび（えび）

ひざを曲げて両腕を前に出す「エビポーズ」で、後ろへジャンプします。

❽♪うに（うに）

顔の前で両手を広げます。

❾♪かっぱまき（かっぱまき）

片方の手のひらを頭の上に置きます。

❿♪しゃこ（しゃこ）

両手を合わせてすりすりします。

⓫♪トロ（トロ）

体を上下左右にぐにゃぐにゃさせます。

⓬♪へ～い　おまち

❻～⓫のポーズのうち、好きなポーズをします。

2 同じねたのポーズをしている子を探します。

⓬のポーズのまま、同じポーズをしている仲間を、大きな声を出して探します。

同じポーズの仲間がそろったら、声をそろえて自分たちのポーズの名前を叫びます。

自然探検ビンゴ

ねらい
身の回りの木や草花をよく見たり、触れたりすることで、季節や自然に親しむ。

1
ビンゴカードのマス目の内容を全員で確認します。

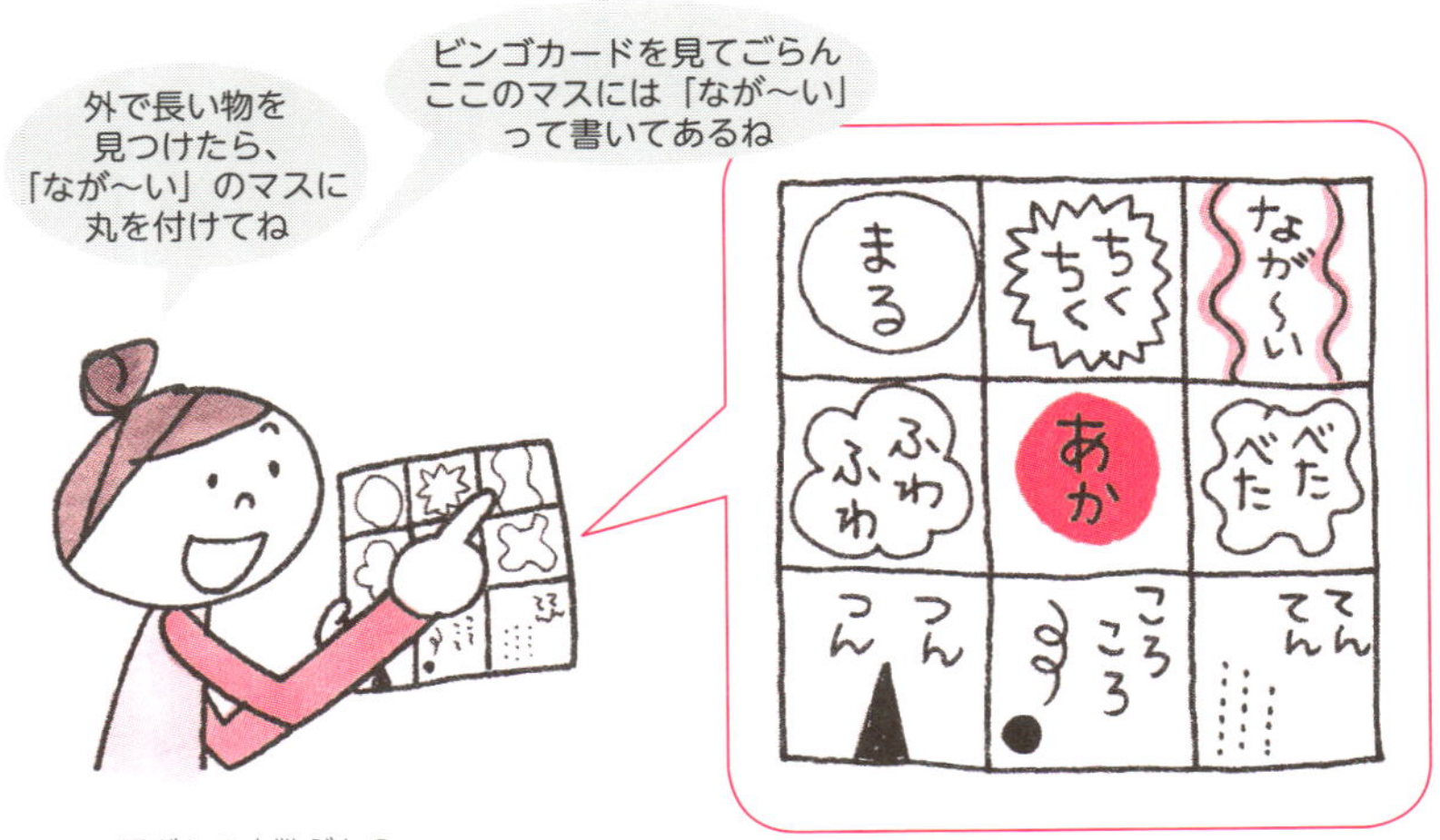
外で長い物を見つけたら、「なが〜い」のマスに丸を付けてね
ビンゴカードを見てごらん ここのマスには「なが〜い」って書いてあるね
まる
ちくちく
なが〜い
ふわふわ
あか
べたべた
つんつん
ころころ
てんてん

子どもの人数ぶんのビンゴカードを用意します。

2
1人1枚のビンゴカードを持ち、園庭に行きます。項目に該当する自然物を探します。

縦、横、斜めに丸がそろったら、「ビンゴ」だよ
あ、いがぐり！ ころころとちくちくに丸を付けよう
ちくちく見つけたー！
この葉っぱ赤くてつんつんしているよ
赤に丸を付けよう

ビンゴを楽しんだあとは、子どもたちがどんな物を見つけたか、発表する場を設けましょう。

秋の味覚をゲットせよ！

リュックサックを背負い、障害物をクリアして、秋のおいしい物をゲットしていきます。

ねらい

秋のおいしい食べ物を集めるという目的のもと、アスレチック的な遊びに挑戦する。

スタート
秋の味覚
さんま、りんごなどは、新聞紙で形を作り、色紙を貼ります。
さんま
マットを筒状にして、平均台で左右を固定します。内側にさんまを貼っておきます。
さんまを取って…
りんご
段ボール箱に入っていたりんごを手に取り、持ったまま平均台をかに歩きします。
おっとっと
次はなしだ！
なし
カラーコーンのそばにあるなしを取ります。
ゲットした物はリュックサックに入れて運んでね
よいしょっ！
さつまいも
1段～2段の跳び箱を越えて、マットの下にあるさつまいもを取ります。
あっ！おいもだ！
やった！ゴール！
ゴール

森と旅人

ねらい

相手の動きに注意しながら、タッチされないように通り抜ける、ワクワクドキドキ感を楽しむ。

1

6~10人のチームを作り、森チームと旅人チームに分けます。森チームは、2列に向かい合って並び、両腕をまっすぐ前に伸ばして森になります。

旅人ゴー！
森ー！
森ー！

旅人チームから１人選び、その子が「旅人」になります。旅人は森の端に立ち、「旅人ゴー！」と大きな声で言います。

2

森は目を閉じて、立っている位置から動かずに両手を上下に動かします。旅人は森にタッチされないように通り抜けます。

行け行けー！
どこかな？
あれ？
捕まえよう！

旅人は森にタッチされたら、次の子と交代です。順番に通り抜けて遊びましょう。

ハンカチダッシュ

ねらい

チームに分かれて勝敗を競いながら、同じチームの仲間を応援する気持ちを養う。

1 子どもたちを2チームに分け、リーダーを決めます。リーダーは、机の上で両手を「ちゃつぼ」のように、軽く丸めます。その中にハンカチを差し込みます。

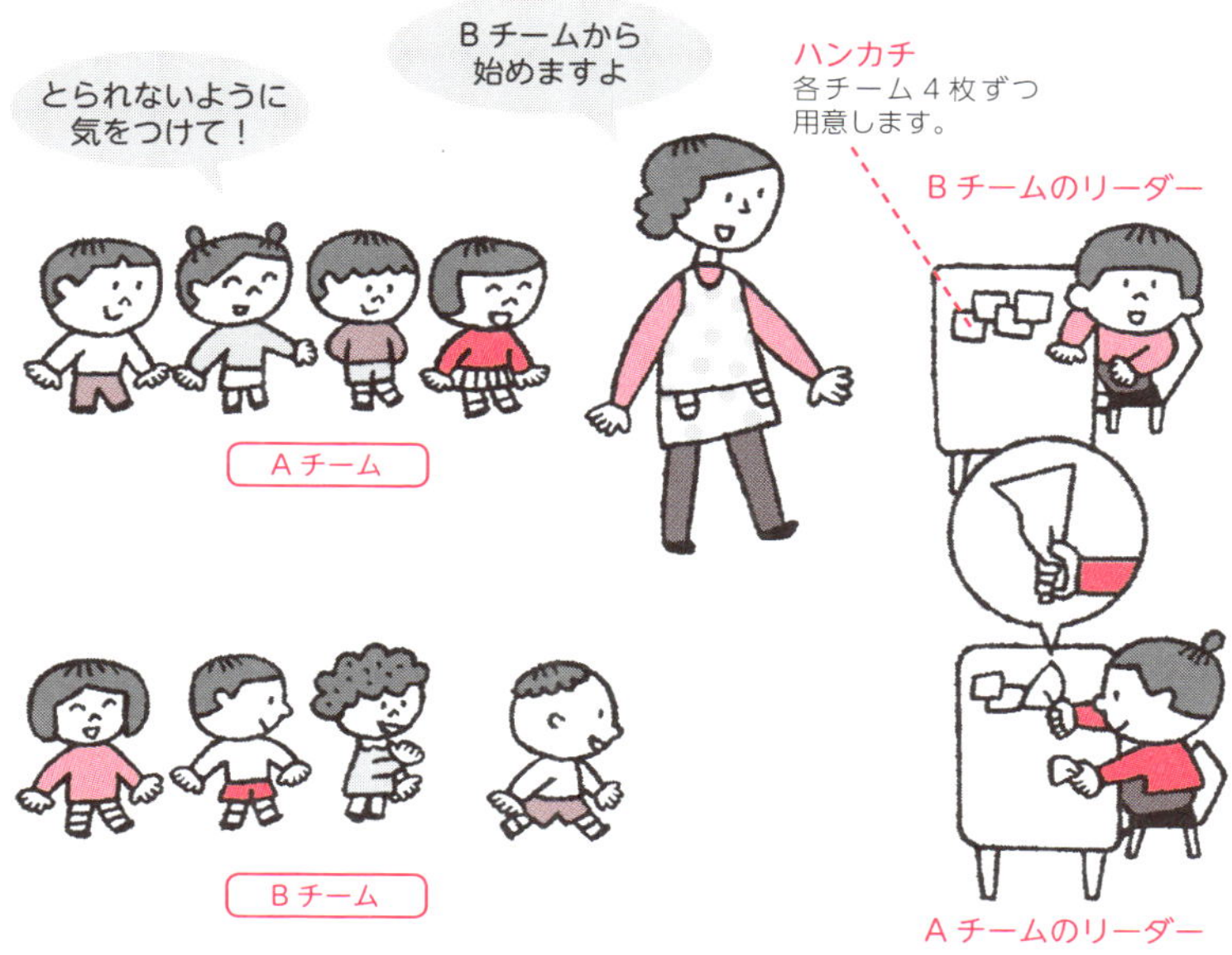

保育者がリーダーの「ちゃつぼ」の中にハンカチを軽く差し込みます。

2 保育者の合図で、相手チームのリーダーの前に行き、左右どちらかのハンカチを素早くとります。

リーダーはハンカチをとられないように急いで手をにぎります。上手にとれたら、自分のチームのリーダーにハンカチを渡します。交互に繰り返し、先にハンカチがなくなったチームが負けです。

温泉に行こう!

ねらい

友達とリズムよく言葉を唱えることを楽しみながら、椅子に座れるかどうかのスリル感も味わう。

1

子どもの人数より1脚少ない数の椅子を円形に並べます。おにを1人決めて、他の子は椅子に座り、全員で「温泉にいこう!」と唱えます。おには時計回りに円の中を回ります。

温泉に行こう！　温泉に行こう！
おに

全員で「温泉に行こう！　温泉に行こう！」と手拍子をしながら唱えます。

2

おには、誰かの前で立ち止まり「温泉に行こう!」と言います。言われた子は「はい、行きます!」と答えて立ち上がり、おにの肩や腰に手を置いてつながります。

温泉に行こう！
温泉に行こう！
はい、行きます！
温泉に行こう！

1、2 を繰り返し、次に声をかけられた子は、つぎつぎに前の子の肩などに手を置いてつながります。

3

何度か繰り返したあと、おにが「着いた!」と言ったら、一斉に椅子に座ります。

急ごう！
着いた！
あった！

座れなかった子が次のおにになります。繰り返し遊びましょう。

動物じゃんけん

ねらい
動物になったつもりで楽しみながら、チームの勝利のために仲間意識をもって遊ぶ。

1
子どもたちを「うさぎ」「ぞう」「ゴリラ」の3チームに分ます。それぞれの陣地を作り、チームの動物のまねをします。

うさぎチームは両手を頭の上で立て、ぞうは片手をぞうの鼻のように動かします。
ゴリラは、両手をグーにして胸をたたくまねをします。

2
保育者の「スタート！」の合図で陣地から出て、別のチームの子をとじゃんけんをします。負けた子は、勝った子のチームの陣地に入り、勝った子は続けて他の相手を見つけてじゃんけんをします。

制限時間を決めて、陣地に入っている子どもの数が
一番多いチームの勝ちとして遊びましょう。

12月

ぱっぱか おうま

「おんまはみんな」のリズムに合わせて、ステップを踏んで遊びます。

ねらい

リズムに合わせてステップを踏む難しさと楽しさを味わう。

❶♪おんまは　みんな

その場で足踏みをします。

❷♪ぱっぱか　はしる

右足でケンケンを２回したあと、両手と両足を開いて手を１回たたきます。

❸♪ぱっぱか　はしる
ぱっぱか　はしる

❷を2回繰り返します。

❹♪おんまは　みんな……
どうしてなのか

❶❷を3回繰り返します。

❺♪だれも　しらない
だけど

❶～❷の AB と同様にしたあと、「♪だけど」で腰に手を当てます。

❻♪おんまは　みんな……
ぱっぱか　はしる

❶❷を繰り返します。

❼♪おもしろいね

右足でケンケンを２回したあと、左足でケンケンを２回します。さらに右足でケンを１回したあと、両手と両足を開きます。

スタートとゴールを決めて、みんなでうたいながらステップを踏みます。大きくケンケンをして、１曲うたい終わるまでにゴールを目指して遊びましょう。

●歌●

「おんまはみんな」（訳詩／中山知子、作曲／アメリカ民謡）

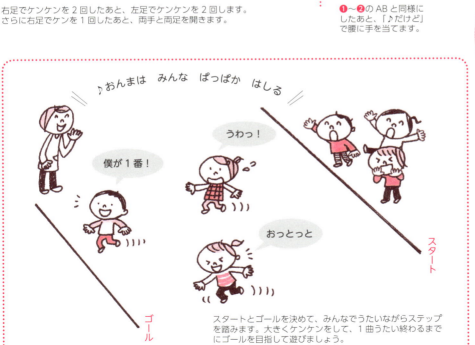

あつあつ おでんリレー

ねらい

チームの友達と協力しながら、1つのことに取り組み、達成したときの満足感を味わう。

1

子どもたちを2チームに分けます。1人ずつおたまを持ち、椅子に座って1列に並びます。スタートの合図で、先頭の子がおたまでおでんをすくい、後ろの子に渡します。

おでんの作り方

餅きんちゃく
茶封筒の中に丸めた新聞紙を入れる。
だいこん
お菓子の箱の蓋
白い紙で包む。
はんぺん
台所用スポンジ
ちくわ
トイレットペーパーの芯
模様を描く。
たまご
新聞紙を丸めて白い紙で包む。

おたまの作り方

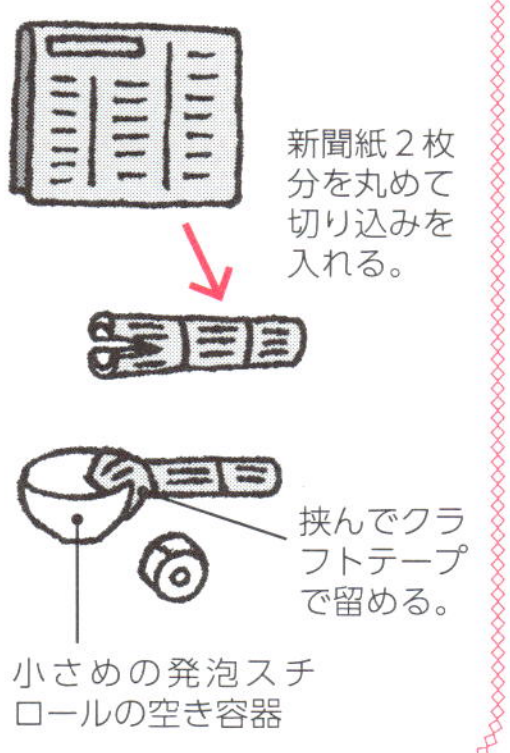
新聞紙2枚分を丸めて切り込みを入れる。
挟んでクラフトテープで留める。
小さめの発泡スチロールの空き容器

はい！
大皿
鍋
鍋の中におでんの具を入れておきます。
よいしょ

先頭の子の前に、5種類のおでんが1つずつ入った鍋を置き、最後尾に大皿を置きます。スタートの合図で、先頭の子がおたまでおでんをすくい、後ろの子に渡します。

2

順番に後ろの子におたまでおでんを渡していきます。大皿に全てのおでんがそろい、全員で「いただきます」と言ったらゴールです。

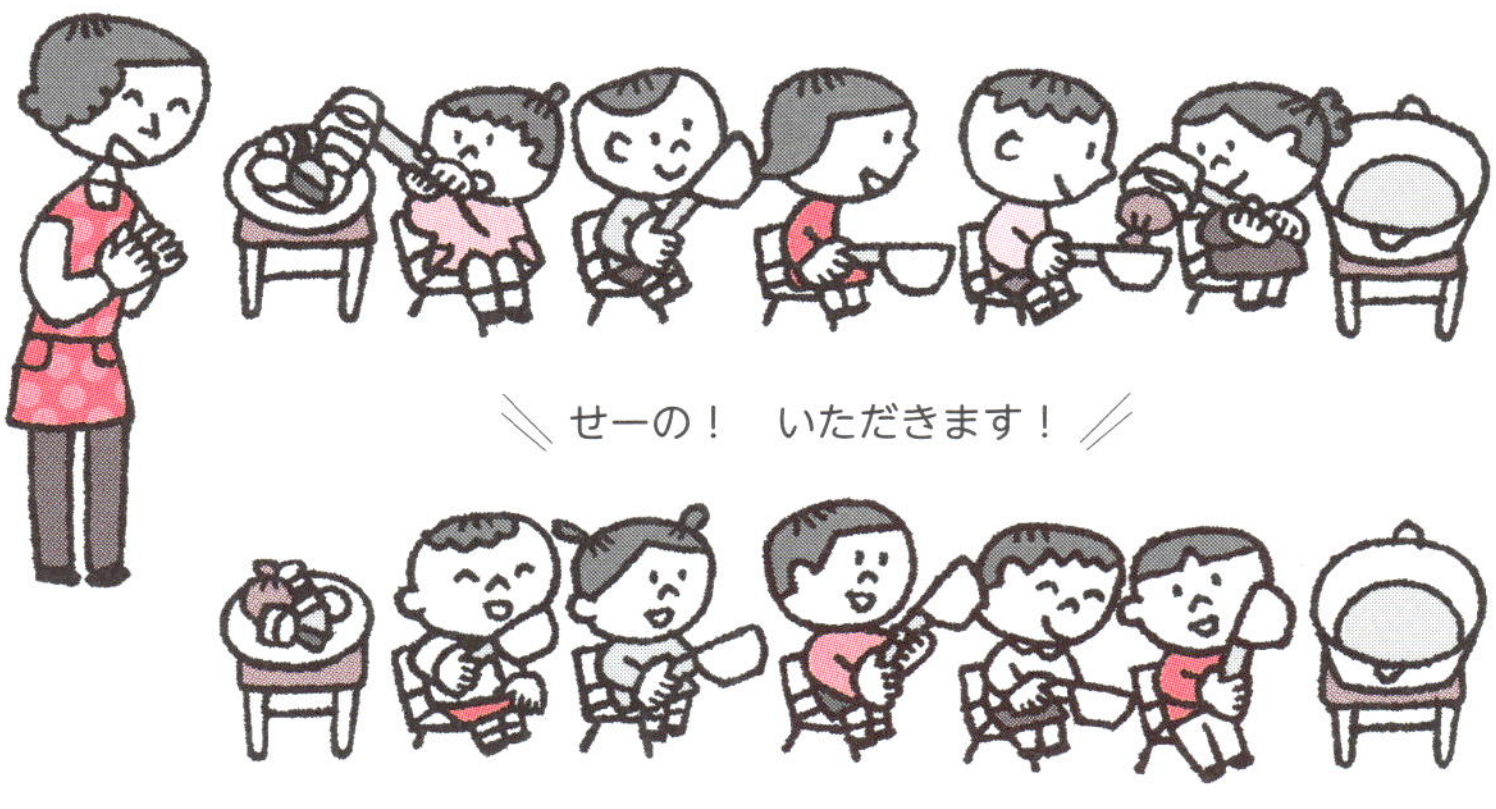
せーの！　いただきます！

途中で落としたら、保育者が拾い、落とした具のスペアを鍋に入れ直して、はじめからやり直します。早くゴールできたチームの勝ちとして遊びます。

変身じゃんけん

ねらい
ルールを守り、じゃんけんの結果で変身できる遊びを楽しむ。

1 歩き方の練習をします。

人間歩き
スタ
スタ
いぬ歩き
ワン
ワン
むし歩き
ムシ
ムシ

普通に歩きます。

手足をついて、はいはいで進みます。

手足を使わずに、へびやしゃくとりむしのような動きをしたり、転がったりして進みます。

2 ピアノの伴奏に合わせて、初めはむし歩きで動き回り、伴奏が止まったら、近くの友達とじゃんけんをします。

最初はむしさんになって進むよー！
じゃんけんぽん！
負けたー
ムシ
ムシ

3 じゃんけんに勝つと「むし」→「いぬ」、「いぬ」→「人間」、「人間」→「王様」になれます。負けやあいこは変身できません。「王様」になったら、勝ち抜けで「お城」に入ります。

勝った人は変身できるよ！
次は王様だったのにー！
わーい いぬになれる
がんばれー
お城
変身できないね
あいこだ！

おには誰かな？

ねらい

チームに分かれて、おにになったり、おにを当てたりする遊びを楽しむ。

1

子どもたちの中から4～5人を選んで、「おにかなチーム」を作ります。その中で1人だけ、本当のおにになります。

おにかなチーム
ビニールテープで
印を付けておきます。
おに

「おにかなチーム」は内円で、他の子どもたちは外円で輪になり、音楽に合わせて回ります。外円の床に、ビニールテープなどで印を付けておきます。

2

音楽が止まったら子どもたちも止まります。外円の印の所で止まった子が、目の前にいる「おにかなチーム」の子に声をかけます。

○○くん
遊びましょう！
おにです！
逃げろー！
キャー！
待てー！

声をかけられた子がおにでなければ、「いいよ！」と言って外円に加わります。おにだった場合は、「おにです！」と言い、そのタイミングで外円の子どもたちは手を離して逃げ、おには追いかけてタッチします。繰り返して遊びましょう。

おいしいお餅

一対一で椅子に座り、向かい合わせになって遊びます。

ねらい

ペアになり、リズムに合わせて緊張感のある手遊びを楽しむ。

❶♪おいしいおもちを　ペッ

手拍子を５回します。

❷♪タン　タン

２人の両手を前に出して手のひらを２回合わせます。

❸♪ペッタン　ペッタン

１回目の「♪ペッタン」で、両手の手のひらを合わせたまま右手を前に伸ばし、２回目の「♪ペッタン」で左手を前に伸ばします。

❹♪ペッタン　ペッタン

※❸と同様にします。

❺♪でーきあーがー

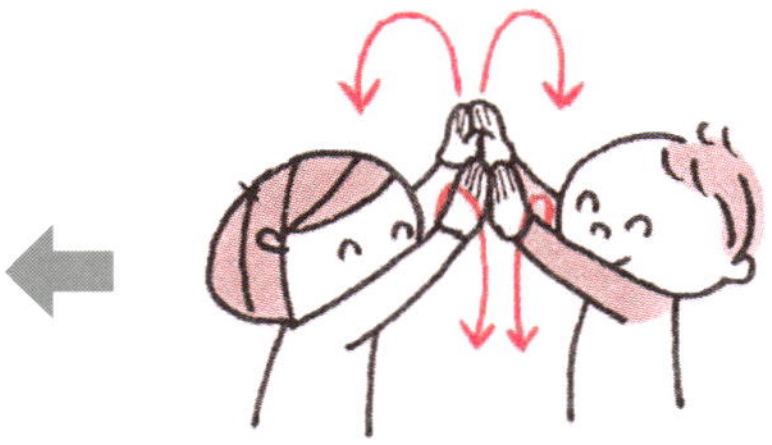

両腕を上げて手のひらを合わせたまま、内から外へ大きな円を描くように両手を開きます。

❻♪りー（じゃんけん　ポン！）パクッ!!

「♪りー」と同時にじゃんけんをして、勝った子は負けた子の手を両手で挟み食べるまねをします。負けた子は食べられないようにすぐに手を引っ込めます。同じペアで繰り返し遊んでもいいですし、相手を替えて勝ち抜きでチャンピオンを決めても楽しめます。

おいしいお餅　（作詞・作曲／渡辺リカ）

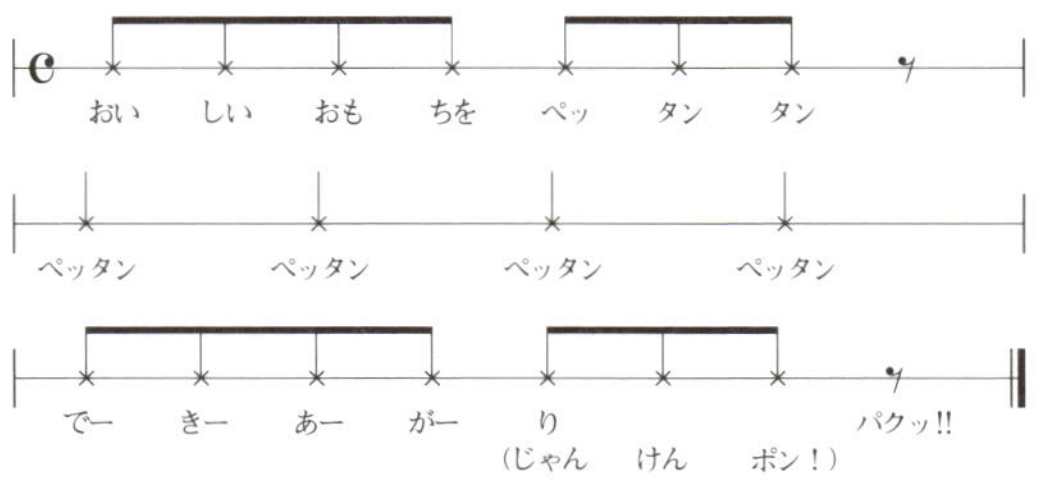

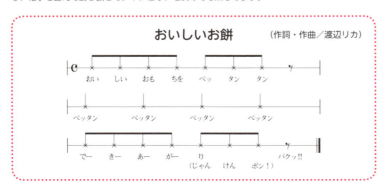

グルグルクリスマス

「ジングルベル」の歌に合わせて踊って遊びます。

ねらい

行事にちなんだ音楽に合わせて、リズミカルに体を動かして遊ぶ。

❶♪はしれそりよ　かぜのように
ゆきのなかを　かるくはやく
わらいごえを　ゆきにまけば

3人1組になって手をつなぎ、輪になって時計回りにグルグル回ります。

❷♪あかるい　ひかりの　はなになるよ

じゃんけんぽん

「♪あかるい　ひかりの」でじゃんけんをし、負けた子がサンタ役になります。あいこの場合は、もう一度じゃんけんをします。

❸♪ジングルベル　ジングルベル
すずがなる

「♪ジングルベル」でサンタ役は真ん中に立ち、残りの2人はしゃがんで両手をつなぎ、煙突役になります。

「♪ジングルベル　すずがなる」の間に、煙突役の2人は、下からゆっくり立ち上がります。煙突が上がりきったら、サンタは別の煙突を目指して走ります。

❹♪すずの　リズムに
ひかりの　わが　まう

間に合った！

煙突は上から下に下がります。煙突が完全に下がってしまう前に、サンタは煙突の中に入ります。

❺♪ジングルベル　ジングルベル
すずがなる
もりに　はやしに　ひびきながら

新しいサンタ役といっしょに歌います。繰り返して遊びましょう。

•歌•
「ジングルベル」（訳詞／宮澤章二　作曲／J.S. ピアポント）

プレゼントはな～に？

ねらい

保育者の言葉をよく聞いて、当てっこゲームに参加し、クリスマスへの期待感を高める。

1 子どもたちを3チームに分けて、代表者を1人決めます。

プレゼントの袋
白い袋の中にぬいぐるみなどの
プレゼントを１つ入れます。
サンタさんから
プレゼントが届きました

プレゼントの袋は、各チームの代表者にランダムに渡します。

2 代表者は袋の中に手を入れて、中身を確かめます。

なんだろう？
今年のプレゼントは、
うさぎのぬいぐるみです
違っていないか確かめてね

代表者は袋の中を見ないようにして、手を袋の中に入れて触ります。

3 正解を確認します。

はい…？
いいえ！
はい！

触り終えたら、保育者は１人ずつにプレゼントはうさぎのぬいぐるみかどうか質問します。代表者は「はい」か「いいえ」で答えます。

あれ？　違う！
かえるかぁ
やった！

全員が答え終わったら、「せーの！」で袋から中身を取り出して答え合わせをします。代表者を交代して、繰り返し遊びましょう。

プレゼントを返して

ねらい

ドキドキしながら、勇気をもってプレゼントを取りに行く楽しさと取り返した満足感を味わう。

1 「サンタ」役の子は、おにが唱えている間に近づいて、プレゼントを取りに行きます。

おには壁を向いて立ちます。「サンタ」役の子どもたちは、おにが「ジングルベル　ジングルベル　すずがなる！」と唱えている間に、少しずつプレゼントに近づきます。

2 プレゼントを取ることができたら、急いで逃げます。

おにが「る！」で振り向いた瞬間にサンタは止まります。動いている所を見られたら、おにの横につながります。おにが唱えている間にプレゼントにたどりつけたら、「メリークリスマス！」と言って、プレゼントを持って逃げます。

3 おにの合図でサンタはストップ。おににタッチされたらプレゼントはおにのものです。

サンタがプレゼントを持って逃げたら、おには「ストップ」と声をかけ、おには5歩分だけ歩いてサンタに近づくことができます。おににタッチされたサンタが次のおにになります。繰り返して遊びましょう。

1月

お正月はいいな

お正月にちなんだ歌に合わせて、友達と手遊びを楽しみます。

ねらい

お正月の歌に合わせて、新年を迎えるうれしい気持ちを、手遊びで表現して遊ぶ。

①♪おしょ

向かい合って、1回拍手します。

②♪うが

お互いの右手をパチンと合わせます。

③♪つは

①と同様にします。

④♪いい

お互いの左手をパチンと合わます。

⑤♪な

①と同様にします。

⑥♪（いい）

お互いの両手をパチンと合わせます。

⑦♪な

①と同様にします。

⑧♪アーッ

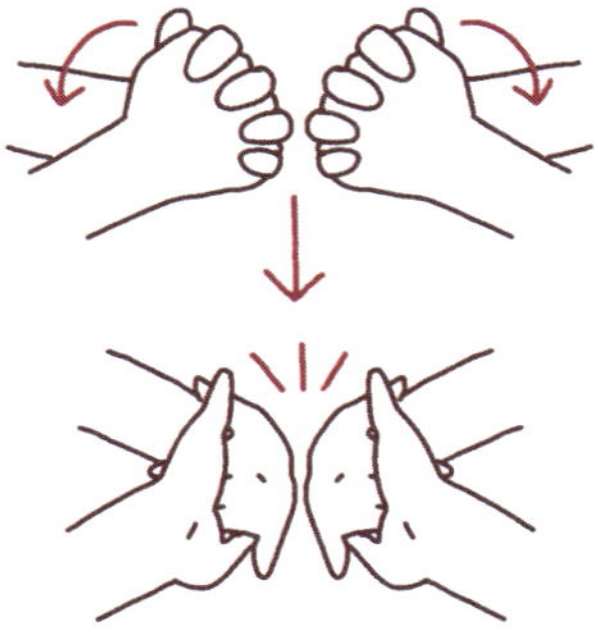

両手を合わせて、指を組み合わせて内側にひねり、
そのままお互いの両手を軽く合わせます。

⑨♪たこあげは いいな
（いいな）イーッ
♪おとしだまは　いいな
（いいな）ウーッ
♪はねつきは いいな
（いいな）エーッ

①～⑧と同様にします。

⑩♪もちくって へーして

拍手を２回して、両手を開きます。

⑪♪じゃんけんぽん

⑫♪あいうえめでたい

⑩と同様にします。

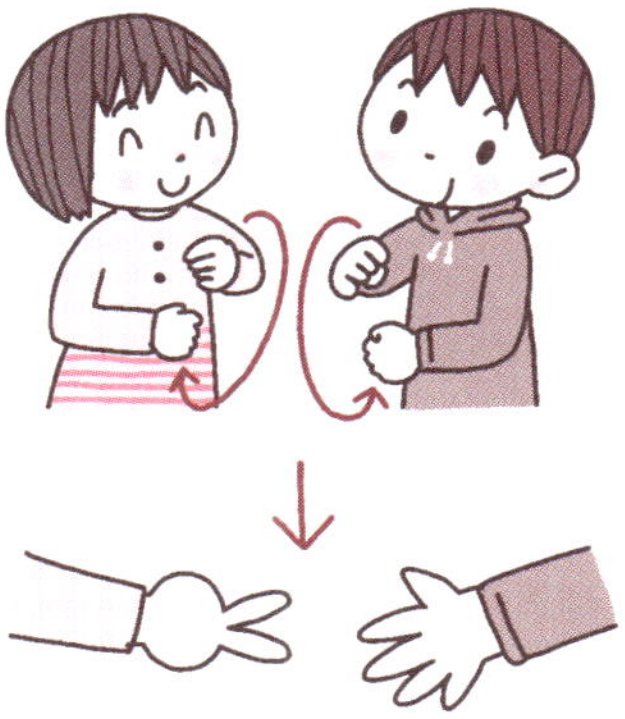

両手のこぶしをグルグル回して、
じゃんけんを１回します。

⑬♪おしょうが

拍手を２回する。

⑭♪つ

⑫のじゃんけんで勝った子どもは万歳を、負けた子どもはおじぎを、
あいこの場合は自分の頬に人さし指を付けてニッコリします。

お正月はいいな

（作詞・作曲／犬飼聖二）

C G7
お しょう がつ はい い な (い いな) アーッ た こあ げは い い な (い いな) イーッ
C G7 C
お とし だま はい い な (い いな) ウーッ は ねつ きは い い な (い いな) エーッ
C
も ちくっ てへー し て じゃん けん ぽん あ いう えめ でた い お しょう がつ

すごろく作り

ねらい

すごろくを自分たちでおもしろくなるように工夫して作り、遊ぶ。

1

スタートとゴールの位置を決めて、それを結ぶ道を紙に描きます。道をいくつかに区切り、スタートの次のマス目から①②③……と番号を書いていきます。

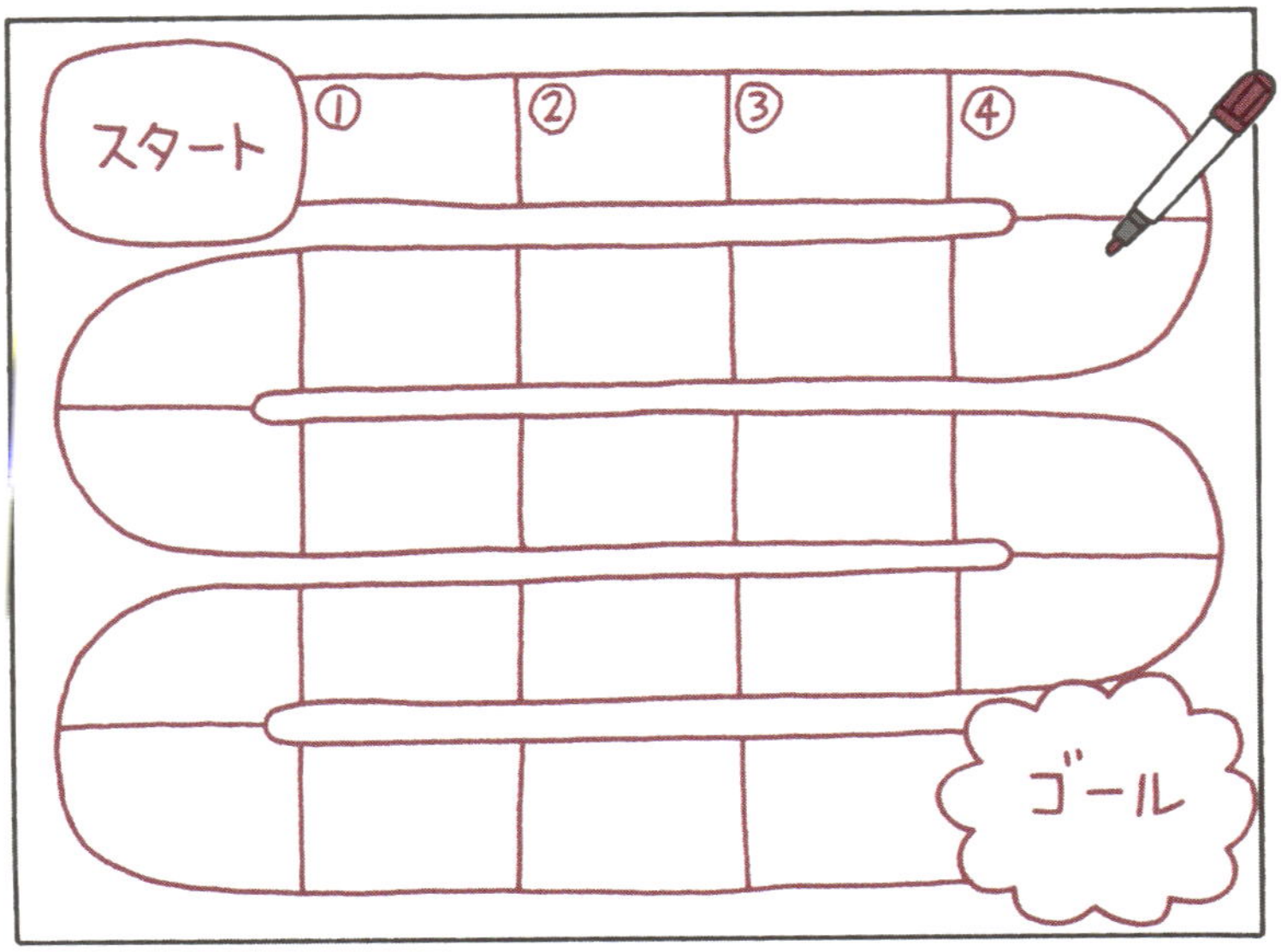

スタート
①
②
③
④
ゴール

2

どんなすごろくにしたいか子どもたちに聞き、マス目の案を発表してもらい書き込んでいきます。すべてのマス目が決まったら、すごろく遊びをします。

どんなすごろくにしたい？
「ねこのまね」をするとか？
「スタートに戻る」は？
「1回お休み」を入れたい！
スタート
ゴール

お正月カルタとり

1

質問に対する保育者の答えをヒントにして、取る絵札を考えます。

はい、そうです！
違います
違います
それは食べ物ですか？
それは浮きますか？
遊ぶ物ですか？

「たこ」「こま」「お手玉」など、お正月をモチーフにした絵札を用意します。質問する子を３人決めて、１人１つずつ保育者に質問をします。保育者はその質問に対して、「はい、そうです！」か「違います」で答えます。

ねらい

３つのヒントで正解を探っていく難しさを感じながら、カルタとりを楽しむ。

2

３つの質問が終了したら、子どもたちは保育者の「せーの」の掛け声に合わせて、正解だと思う絵札を指さします。

正解はこまです！
こま
やった！
違った！
残念！

質問する子を替えて繰り返し遊びましょう。

なんとれるかな おとし玉

おとし玉を点数の書かれた的をねらって投げ、チームの合計得点を競って遊びます。

ねらい

距離の長短に合わせてねらいをつけて投げ、得点を競う遊びを楽しむ。

得点の的の作り方

得点カード
フープ
10

切った段ボールや厚紙に数字を書き、フープの中に置く。

おとし玉の作り方

ビニール袋に適量の砂を入れる。リボンや袋の色でチーム分けする。

枠の外側であれば、投げる場所は自由です。枠の内側に入ってはいけません。
やった!!
100点!!
それっ!!
棒などで線を引きます。
あれー
しっぱい!!
10
10
10
100
50
50

クラスを２～４チームに分けてチームごとに投げる順番を決め、おとし玉を投げます。全員が投げ終えたら保育者といっしょに集計し、得点の多いチームの勝ちとして遊びます。

かがんで鏡餅

ねらい

ペアを探す、お互いに違う動作をするなど、瞬時の判断力が求められる遊びに参加する。

1

手拍子に合わせて、グルグル歩き回ります。

2

近くにいた子とペアになり「こんにちは」とおじぎをします。

保育者の「はい、こんにちは！」の合図でペアになり、「こんにちは」とおじぎをします。

3

「かがんで　かがんで　かがみもち！」と唱え、〝かがみもち〟のところで、その場にしゃがむ「おもち」、両手のグーを前に突き出す「みかん」のどちらか好きなポーズをします。

同じポーズなら失敗。成功するまで繰り返し遊びます。

カードめくりゲーム

すべてのカードを裏返して重ね、３～４つの山に分けて机に置きます。子どもたちは順番に１枚ずつ好きな山からカードを引き、出たカードによってもう１枚カードを引くことができたり、カードを返したりしなければいけません。すべてのカードを引き終わったときに、手元に一番多くカードが残っている子どもの勝ちとなります。

ねらい

順番にカードを引いていく楽しみと、どんなカードが出るかのワクワク感を味わいながらルールを守って遊ぶ。

カードの種類と約束事

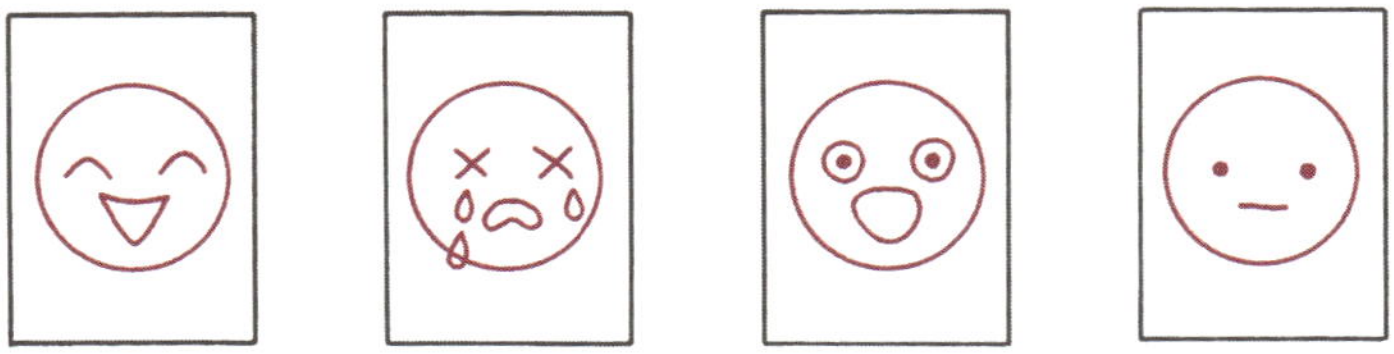

ニッコリカード（2枚）	エンエンカード（20枚）	びっくりカード（20枚）	顔カード（58枚）
エンエンカードを引いて返した人の分を、全部もらえる。	持っているカードを表にして全部返す（坊主札）。	もう１枚引ける。	そのままもらう。

順番に1枚
ずつ引いてね
カードを
もらえるよ！
あっ！
ニッコリ
カードだ！
返されたカード

保育者はあらかじめ、それぞれのカードの約束事を子どもたちに説明しておきましょう。

中華料理いかがです

ねらい

楽しい歌に合わせて踊ったりポーズをとったりして、そのポーズを利用したゲームを楽しむ。

1

輪になって座ります。リーダー（最初は保育者）が中央に立ち、「中華料理いかがです」をみんなで振り付きでうたいます。

❶♪ちゅうかりょうり　いかがです

腕を組み、左右に揺れます（隣の人の肘をつついてもよい）。

❷♪フカヒレ

手を斜め前に出して、ヒラヒラさせます。

❸♪とんそく

両手をグーにして、膝の上に載せます。

❸♪かにシュウマイ

両手をチョキにします。

❸♪チャララン～

自由に踊ります。

中華料理いかがです

（作詞／犬飼聖二　作曲／谷口國博）

2

最後は、フカヒレ、とんそく、かにシュウマイのうち、自分の好きなポーズをします。

3

リーダーと同じポーズの子は、別の席に移ります。座れなかった子が次のリーダーです。

リーダーも座ります。

2月

はっけおに

ねらい

季節の歌に合わせておにになったつもりで、リズミカルに遊ぶ楽しさを味わう。

1

力自慢のおにになった気分で、たくさんの友達と尻相撲をして遊びます。

❶♪おれたちゃ　オニのー
すもうとり　じまんの
つのだぞー　すごいだろ

一本角のおにのポーズでお相撲さんのように足を開いて歩き回り、相手を見つけます。

❷♪きあいをいれて　しこふんで

♪きあいを
いれて
♪しこふんで

相手と両手を合わせ、自分の頬をたたきます。

❸♪はっけオニ　のこったー

♪はっけオニ
♪のこったー

背中合わせで立ち、尻相撲で勝負をします。
片足でも動いた方の負けです。

2

勝負がついたら、勝った子は角が2本のおに（指を2本立てる）になります。新しい相手を見つけて、うたいながら尻相撲を繰り返します。勝ち続けると最大で10本まで角を増やすことができます。角の数を競っても楽しいですね。

はっけおに

（作詞／小沢かづと　作曲／犬飼聖二）

おれたちゃ　オニのー　すもうとり　じまんの　つのだぞー
すごいだろ　きあいをいれて　しこふんで　はっけオニ　のこったー

おには外 福は内

子どもたちを2チームに分けます。「豆まき」の歌をうたいながら外側のチームの子は時計回りに、内側のチームの子は反時計回りで回り、止まったところで向かい合った子とじゃんけんをします。勝った子は相手から豆を1つもらえます。

ねらい

チームの一員であることを自覚して、行事にちなんだ遊びを楽しむ。

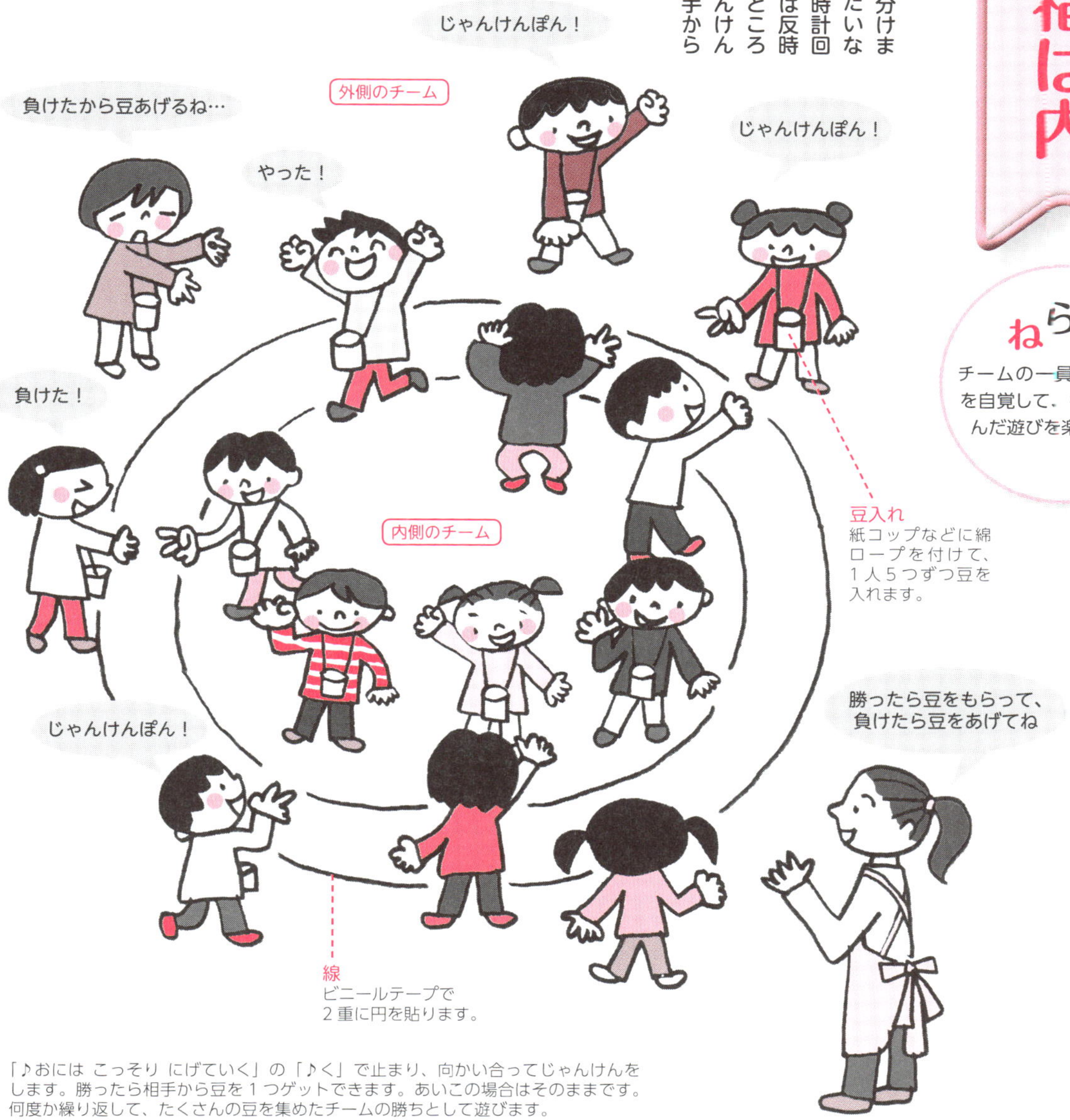
じゃんけんぽん！
外側のチーム
負けたから豆あげるね…
じゃんけんぽん！
やった！
負けた！
内側のチーム
豆入れ
紙コップなどに綿ロープを付けて、1人5つずつ豆を入れます。
勝ったら豆をもらって、負けたら豆をあげてね
じゃんけんぽん！
線
ビニールテープで2重に円を貼ります。

「♪おには こっそり にげていく」の「♪く」で止まり、向かい合ってじゃんけんをします。勝ったら相手から豆を1つゲットできます。あいこの場合はそのままです。何度か繰り返して、たくさんの豆を集めたチームの勝ちとして遊びます。

•歌•

「豆まき」（日本教育音楽協会）

おにが島3丁目

ねらい

すきを見て走ったり、ガードしたり、友達とのかけひきを楽しみながら遊ぶ。

1

1丁目のおにを3人、2丁目を2人、3丁目を1人と決めて、それぞれ所定の位置に立ちます。

2

おに以外の子どもたちは、1丁目、2丁目のおににタッチされないように通り抜け、3丁目のおにを目指します。

3丁目のおにまで到達できたらじゃんけんをして、勝ったらゴールします。途中でおににタッチされたり、じゃんけんに負けてしまったら、スタートに戻ってやり直します。

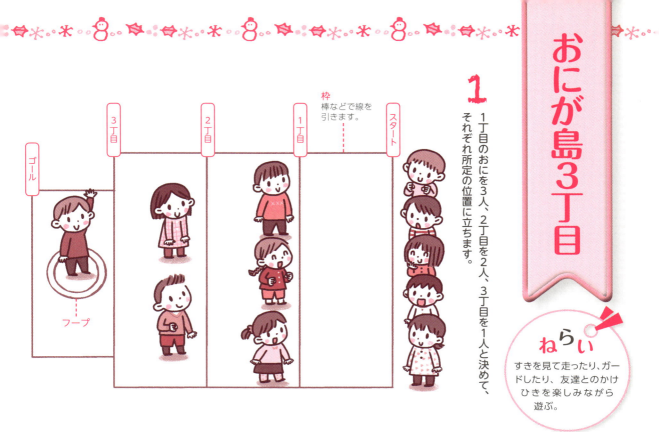

つらイッス

ねらい
自分の勝ち負けがチームの勝ち負けにつながることを意識して遊びに参加する。

1 子どもたちを2チームに分けます。1列に並び、先頭同士がじゃんけんをします。

2 勝った子はその場に残り、負けた子は、前の子の膝の上に座ります。

3 じゃんけんを繰り返し、全員が椅子に座ったチームは負けになります。

負けた子は椅子に座る
勝った子は残る
勝った子どもはその場に残り、次の子とじゃんけんをします。
次に負けた子は膝の上に座る
次に負けた子は前の子の膝の上に座り、勝った子は残ってじゃんけんをします。
勝ち
全員座ったチームは負け

納豆触れ合いあそび

ねらい

リズムに合わせて友達と触れ合い、気持ちを合わせて楽しく遊ぶ。

一人ひとりが納豆の粒になります。2人1組になり、「なっとう」をうたいながら遊びます。

❶ ♪なっとう　なっとう

♪なっ
♪とう

2人で向かい合って、「♪なっ」で相手の肩に手を載せます。「♪とう」でパッと離れます。

❷ ♪ねばねば

両手を合わせたり離したりします。

❸ ♪なっとう　なっとう　ねばねば

❶〜❷を繰り返します。

❹ ♪こつぶ　なっとう

2人で抱き合います。

❺ ♪おおつぶ　なっとう

両手をつないで大きく広がります。

❻ ♪ひきわり　なっとう

片手の手のひらを上にし、反対の手を包丁に見立てて上下に動かします。

❼ ♪みと　なっとう

指3本を立てて前に出します。

❽ ♪なっとう　なっとう

なっ
とう

相手の肩に手を載せてから、両手をパーにして上に上げます。2回繰り返します。

なっとう　（作詞／不明　作曲／高崎はるみ）

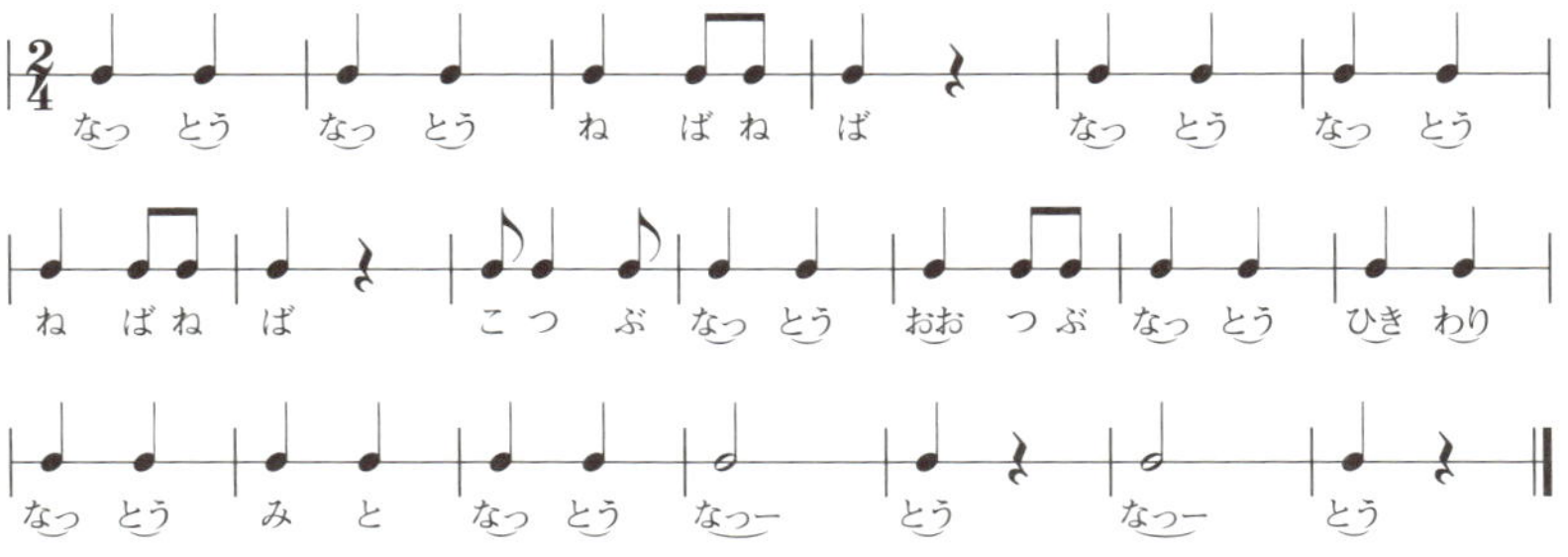

なっ とう なっ とう ね ば ね ば なっ とう なっ とう
ね ば ね ば こ つ ぶ なっ とう おお つ ぶ なっ とう ひき わり
なっ とう み と なっ とう なっー とう なっー とう

ゴロゴロおにごっこ

ねらい

制限のある動きのなかで、おにごっこに参加する楽しさを味わう。

1 おにを3人決めます。

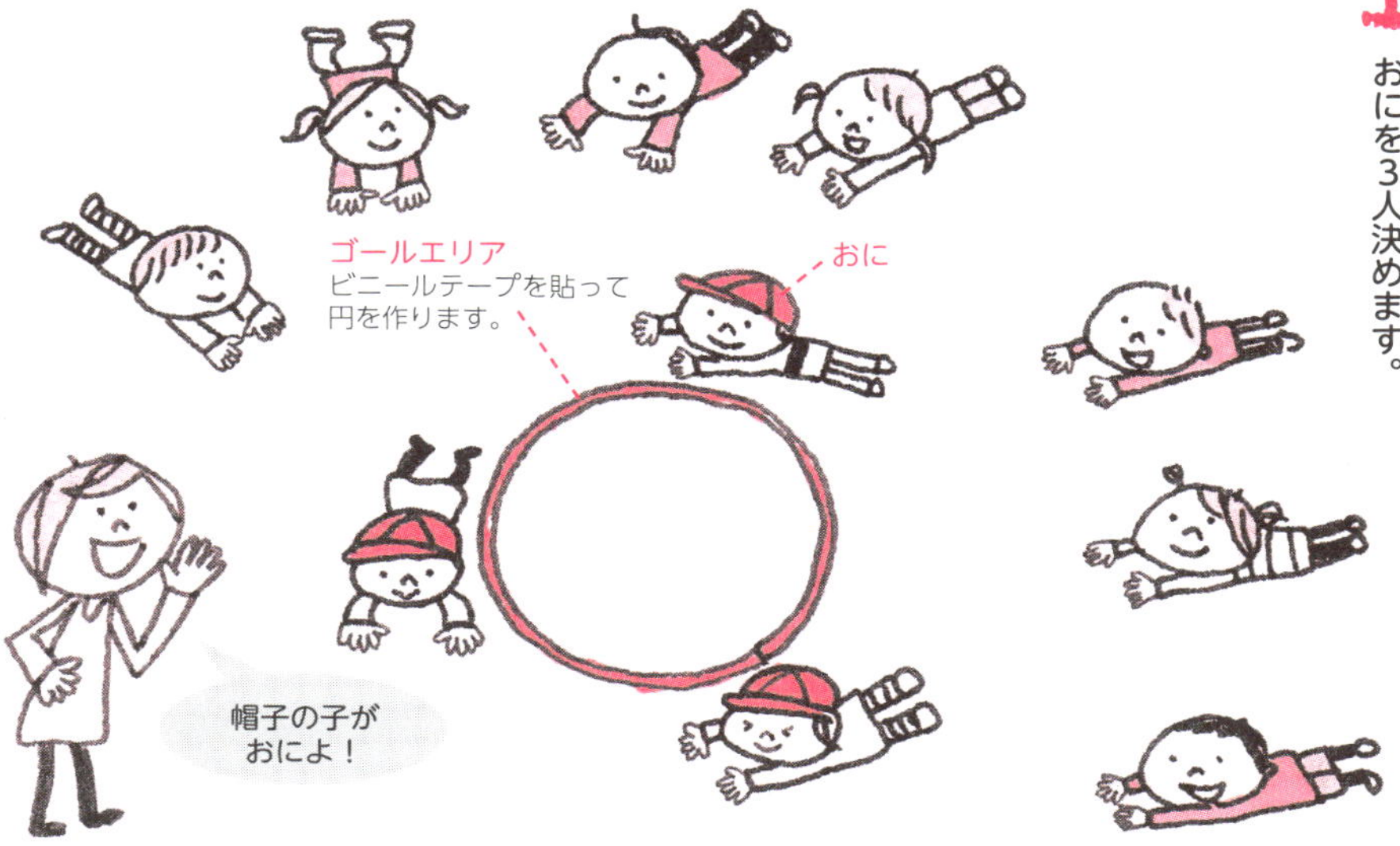
ゴールエリア
ビニールテープを貼って円を作ります。
おに
帽子の子がおによ！

おにはカラー帽子をかぶりうつ伏せになって円の周りに、他の子は円から離れた外側にうつ伏せになって待機します。

2 保育者のかけ声でほふく前進や転がったりして、おにがタッチに行き、他の子はおににタッチされないようにゴールエリアを目指します。

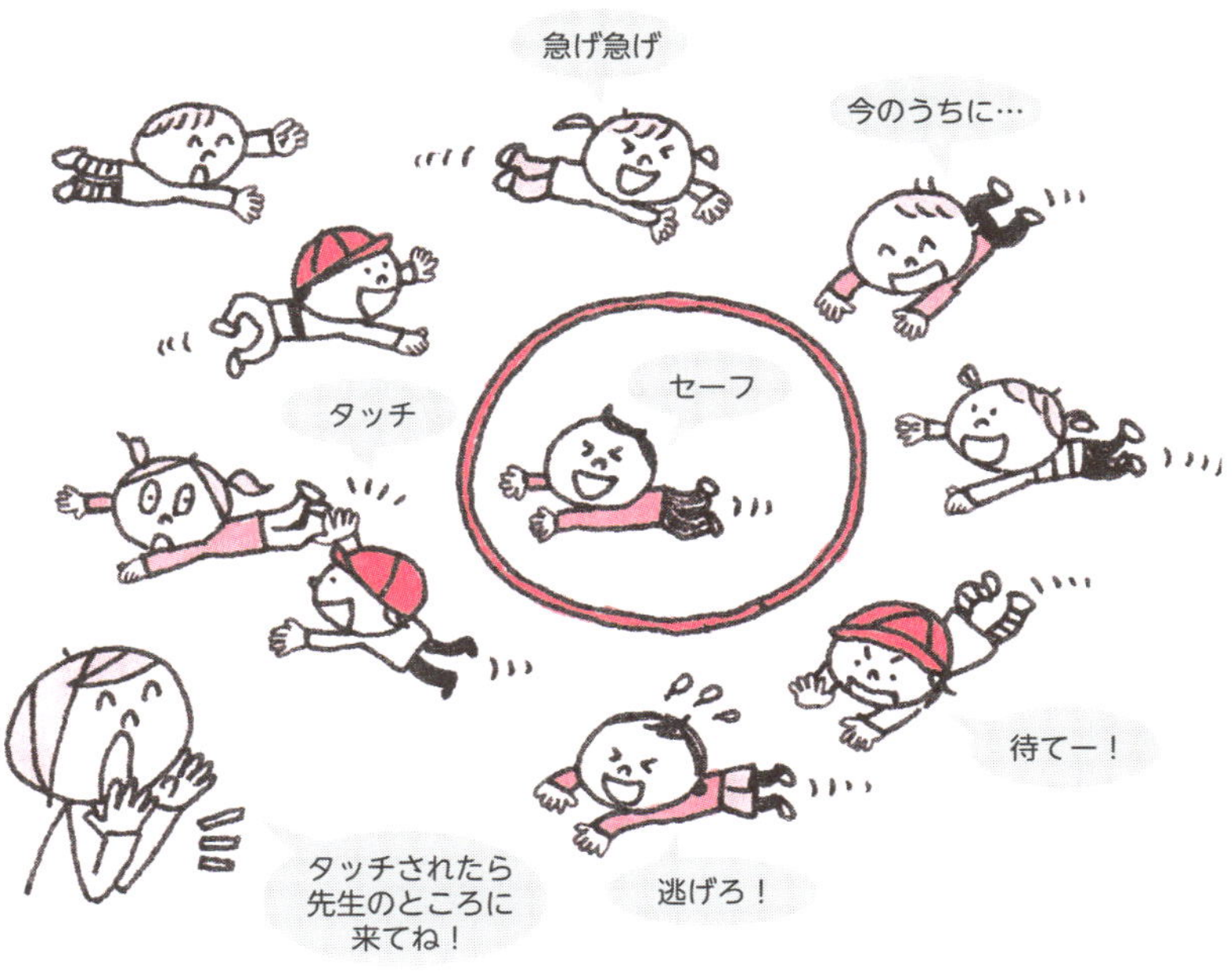
急げ急げ
今のうちに…
セーフ
タッチ
待てー！
タッチされたら先生のところに来てね！
逃げろ！

おににタッチされたらアウト、保育者の横に座ります。
全員タッチされるまで繰り返し、おにを交替して遊びます。

当てっこ 雪だるま

ねらい
どこに隠れているかを推理したり、ヒントをもとに隠れている友達を見つける遊びを楽しむ。

1
雪だるまに隠れる子を1人決めて、他の子どもたちは後ろを向きます。隠れる子は、好きな色の雪だるまの後ろに座ります。他の子どもたちは一斉に「当てっこ　当てっこ　雪だるま！」と言い、「もういいかい？」と隠れている子に問いかけます。

2
隠れた子が「もういいよ！」と言ったら前を向き、どの雪だるまに隠れているのか、みんなで考えます。
（ヒントがほしい場合は、全員で「○○くーん！」とその子の名前を呼び、返事がどこから聞こえてくるのか、耳を澄ませましょう。）

3
最後に全員で「○○くーん！　出ておいでー！」と呼びかけ、隠れている子が出てきて正解を発表します。

雪だるまの作り方

子どもの背と同じくらいの段ボール板を、雪だるまの形に３つ切り出す。赤・青・黄の色画用紙で帽子と蝶ネクタイを作り、それぞれに貼って色分けをする。

後ろに椅子を置き、クラフトテープなどで椅子と雪だるまを貼って固定する。隠れる子は椅子に座って待機する。

どの雪だるまに隠れているかな？

保育者は１つずつ雪だるまを指さして、「赤雪だるまだと思う人？」などと子どもたちに聞きましょう。

たくさん運ぼう 雪だるま

子どもたちを2～3チームに分けます。チーム対抗で、いくつ雪だるまを運べるか競います。

雪だるまの作り方

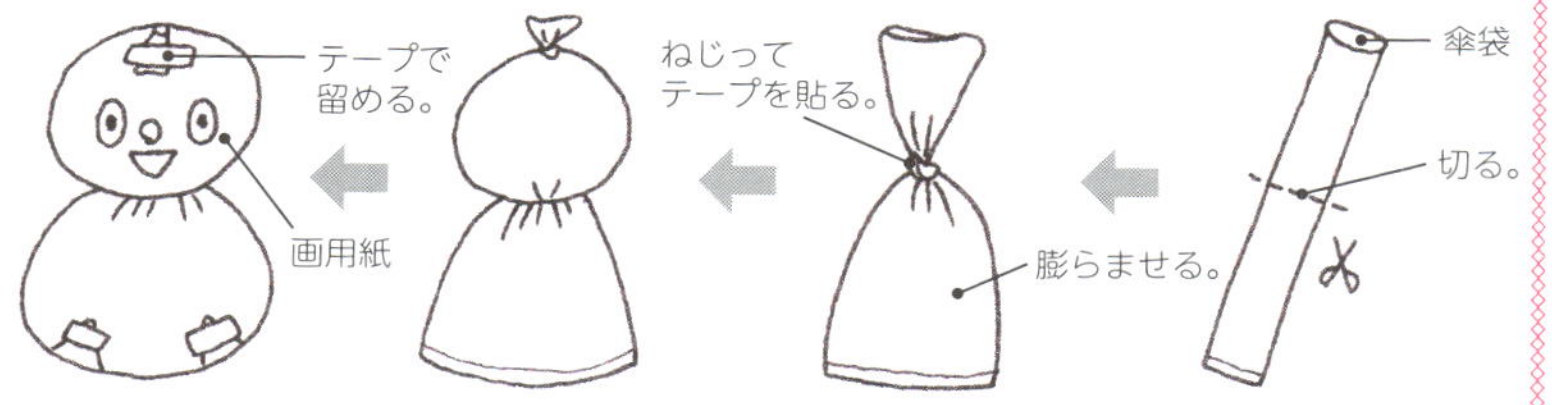

傘袋を半分に切る。

底のついた方を膨らませて、半分ほどねじった所をテープで貼る。

上部も膨らませて口の部分をねじり、テープを貼る。

底と頭の部分をテープで留めて、画用紙の目、鼻、口を貼る。

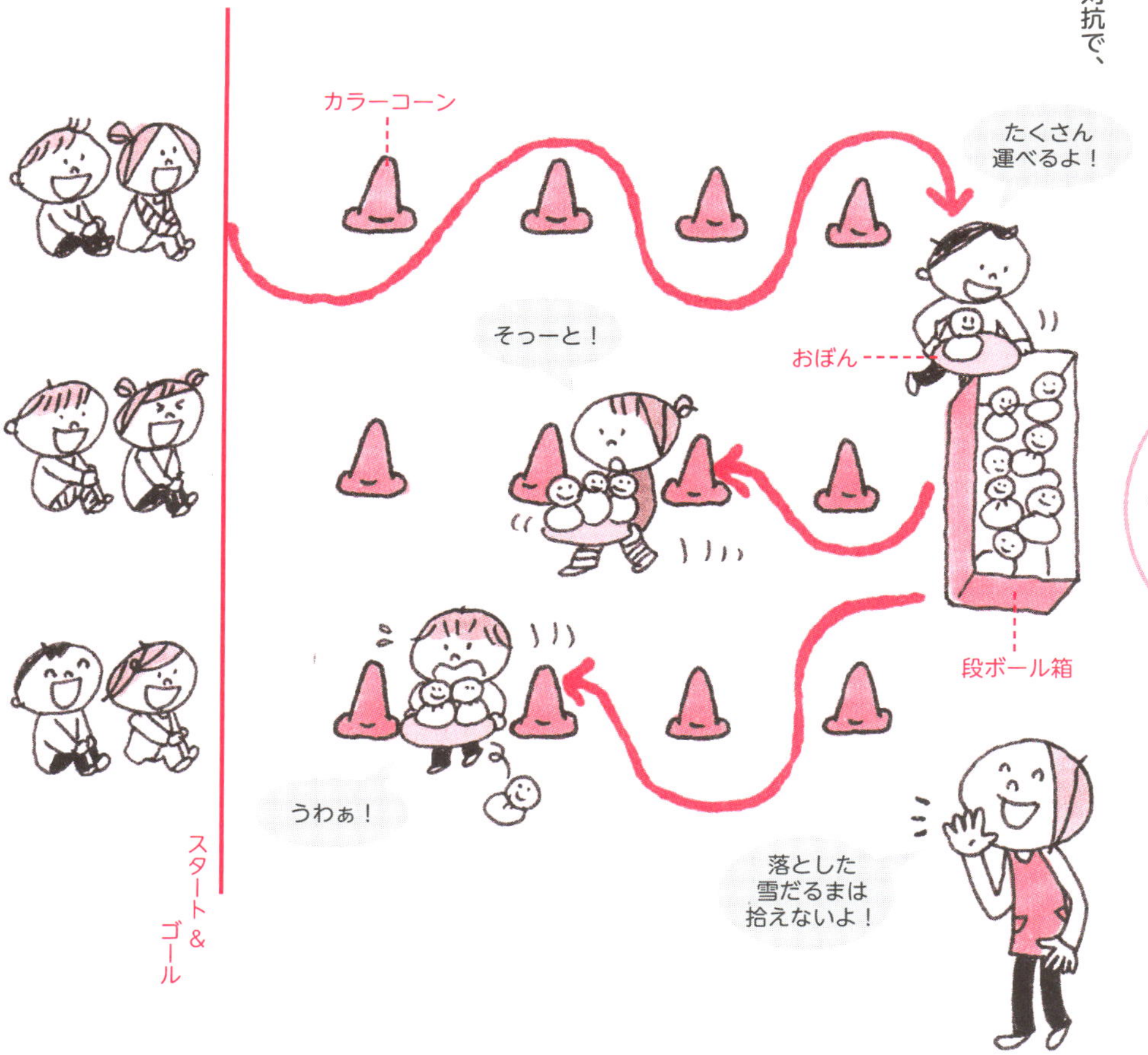

カラーコーンでコースを作ります。おぼんを持ってスタートし、おぼんに雪だるまを載せて戻ります。次の子におぼんを渡してバトンタッチします。

ねらい

どうしたら雪だるまをたくさん運べるかを考えながら、チーム対抗の遊びに参加する。

3月

思い出の歌でイントロクイズ

子どもたちを３チームくらいに分けます。チームの代表者は流れてくる曲がわかったら、マイクを取ってうたいます。

ねらい

なんの曲かを思い出し、瞬発力を競って遊びに参加する。

マイクの作り方

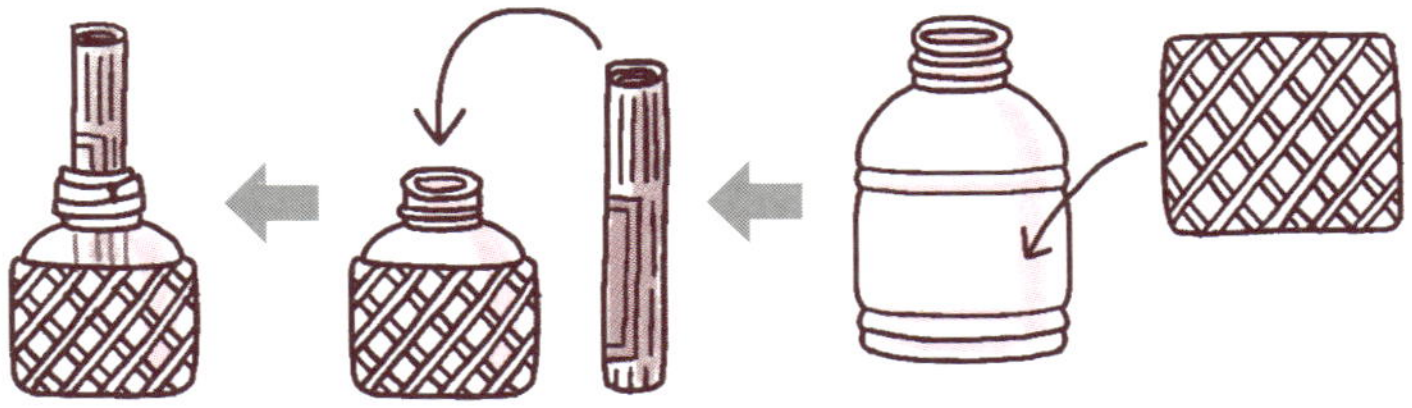

ペットボトルの側面に果物用のネットをかぶせる。

棒状に丸めた新聞紙をペットボトルに差し込む。

口の部分にセロハンテープを貼る。

マイク

マイクをマットの上に置きます。子どもたちは少し離れた所に待機します。

うわぁ！
わかった！
なんだっけ？

保育者はＣＤやピアノで曲の出だしの部分を聞かせます。チームの代表者は、曲がわかったらマイクを取りに走って行き、うたいます。代表者を交代して繰り返し遊びましょう。

思い出電車

ねらい

1年間の楽しい思い出を振り返る遊びをみんなでいっしょに楽しむ。

1 子どもたちを3～4人のチームに分けます。前の子の肩に手をかけて、「春」「夏」「秋」「冬」の順番に歩きます。

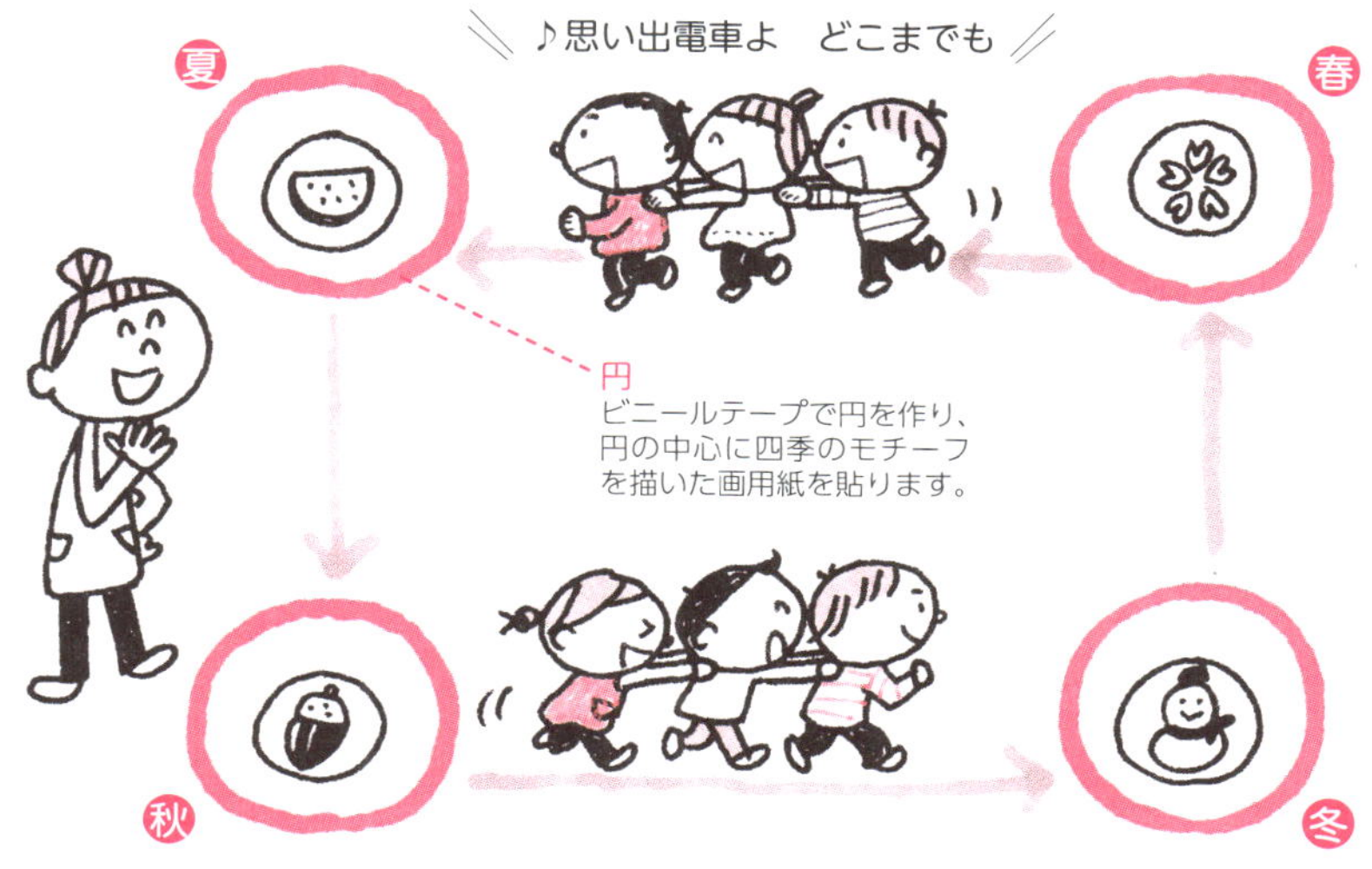
♪思い出電車よ　どこまでも
夏
春
秋
冬
円
ビニールテープで円を作り、円の中心に四季のモチーフを描いた画用紙を貼ります。

「線路は続くよどこまでも」の歌のメロディに合わせて、「♪思い出電車よ どこまでも　春夏秋冬　つないでる」とうたいながら進みます。

2 「♪つないでる」で一番近くの円に駆け込み、その円の季節の行事や思い出を一斉に言います。

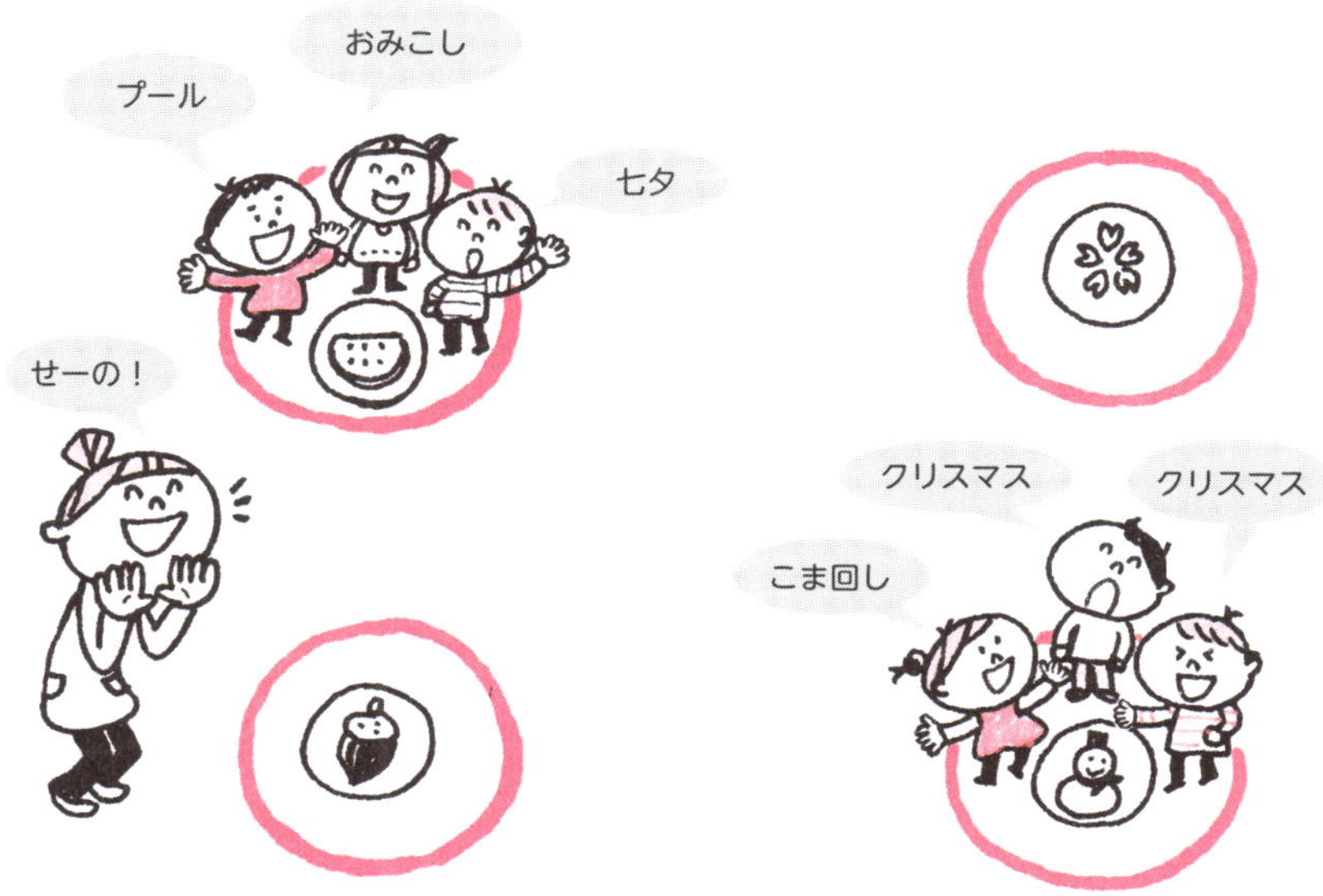
おみこし
プール
七夕
せーの！
クリスマス
クリスマス
こま回し

保育者が10数えるうちに、子どもたちは各自で、楽しかった思い出やできごとを考えて、「せーの」で発表します。同じことを言った子がチーム内にいたら1点ゲット。繰り返し遊び、チーム対抗で点数を競って遊びます。

●歌●

「線路は続くよどこまでも」（訳詞／佐木　敏　アメリカ民謡）

また会おう！

ねらい

感謝の気持ちと、また会いたいという気持ちを確かめながら遊ぶ。

1 タンバリンのリズムに合わせて自由に歩きます。

2 タンバリンが止まったら、あいさつする相手を見つけます。

相手を見つけたらおじぎをします。

3 手を振ります。

4 両手をつないで左右に振ります。

5 手をつないだまま、1回転します。

1～5を繰り返して遊びましょう。慣れてきたら、テンポを速くして盛り上げましょう。

大きくなったら？

ねらい
未来の自分の姿や友達の姿を想像して夢をふくらませる。

1 円になって座り、手拍子をしながらマイクを回します。

♪大きくなったら　なんになる
パチ
パチ
パチ

「雨ふり」のメロディに合わせて、「♪大きくなったら　なんになる」と２回うたいながら、時計回りにマイクを回していきます。

2 うたい終わったところで、マイクを持っていた子が保育者の質問に答えます。

マイク
トイレットペーパー芯に丸めた新聞紙を貼り、底にひもを貼ります。
○○ちゃんはなんになる？
おかしやさんになる！

うたい終わったところで、保育者はマイクが回ってきた子の名前を呼んで問いかけます。マイクを持っている子は、将来なりたいものを大きな声で言います。繰り返し遊びましょう。

●歌●
「雨ふり」（作詞／北原白秋　作曲／中山晋平）

バケツリレー

ねらい

年下の子どもを気づかいながら遊ぶことを通じて、楽しい思い出を作るとともに自身の成長を実感する。

1

異年齢児で6～10人のチームを作ります。チームのなかで1人「火事」役（最初は5歳児）を決め、「火事」役の左隣の子がバケツを持ちます。

2

スタートの合図でバケツを持った子から時計回りにバケツを渡していきます。その間じゅう、「火事」役は「メラメラ」と言いながら、燃えている炎の動作をします。

3

「消す」役の子どもはバケツが回って来たら、「ザバーッ」と叫びながら、「火事」役にバケツで水をかけるまねをします。水をかけられた「火事」役は、「消えました!!」と叫び、小さくなって終了します。役を交替して繰り返し遊びましょう。

4月 5月 6月 7月 8月 9月 10月 11月 12月 1月 2月 3月

汽車シュッポッポ

ねらい
年下の子どもを気づかいながら遊ぶことを通じて、楽しい思い出を作るとともに自身の成長を実感する。

1
5歳児と4、3歳児が同数になるように、チームを組みます。5歳児のうちの1人がチームから離れて折り返し地点で大きく足を開いて立ちます。残りの子どもたちは、異年齢ごとにペアになり、1列になって座ります（最後の子どもは1人で待ちます）。

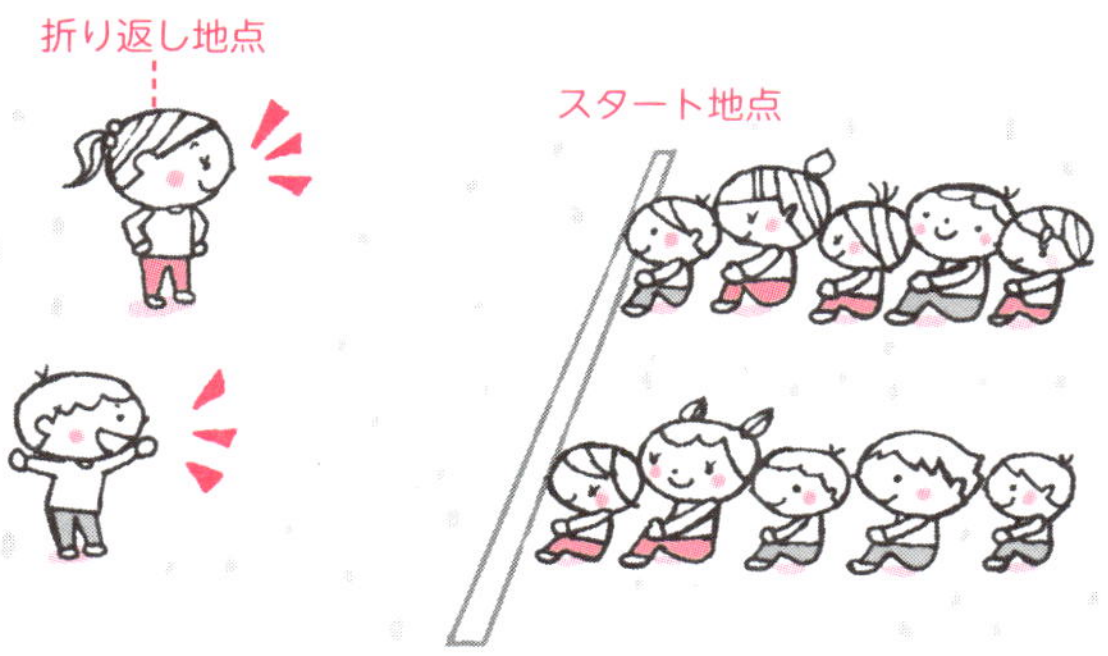

2
スタートの合図で先頭のペアだけが立ち上がり、2人で電車のようにつながりながら、折り返し地点まで進みます。折り返し地点に来たら、立っている子のまたの下をくぐります。

スタート地点から折り返し地点に進む間は、5歳児が前の子の肩に手を置きます。

3
くぐったら、5歳児2人は役目を交代し、スタート地点に戻ります。次のペアにタッチして交代し、一番後ろに並びます。これを繰り返します。

4
最後に待っていた4または3歳児は、折り返し地点まで1人で向かい、5歳児のまたをくぐります。立っている5歳児は最後にくぐった子と2人で電車のようにつながって、スタート地点へ戻って終了です。

かえるはかえる

ねらい

年下の子どもを気づかいながら遊ぶことを通じて、楽しい思い出を作るとともに自身の成長を実感する。

1

5歳児と4または3歳児がペアになり、かえるの親子という設定でお互いの名前と顔をよく認識し合います。

お名前はなんですか!?

ペアの数の椅子を用意し、円形に並べます。名前と顔を確認したら、５歳児たち（親かえる）は椅子の外側に立ち、4・3歳児たち（子どもかえる）は円の中心で座ります。

2

親がえるは「ごんべさんのあかちゃん」のメロディで「♪おたまじゃくしはかえるの子　なまずの孫ではありません　それがなにより証拠には　やがて手が出る足が出る」と、うたいながら時計回りに歩きます。

オタマジャクシは〜♪

その間、子どもかえるは中心を向いて目を閉じています。

3

親がえるたちはうたい終えたら、椅子の後ろに立ち止まり、大声で「かえるは帰る!!」と言います。それを聞いたら、子どもがえるたちは「ケロケロ」と鳴きながら自分の親がえるがいる椅子を目指してジャンプして行きます。

ヤッター!
○○くん
○○ちゃん
見つけた!!

無事に親子になれたら座ります。
親がえるの並び順を替えて、何度か繰り返しましょう。

宝物を探せ!

ねらい

年下の子どもを気づかいながら遊ぶことを通じて、楽しい思い出を作るとともに自身の成長を実感する。

1

5歳児だけでチームを作ります（6～10人×2～3チーム）。チームで手をつないで輪になります。4・3歳児は、園庭のいろいろな所（高い所や遊具は除く）に散らばって、「宝物」になって座ります。

宝物
4・3歳児が散らばって座ります。

2

5歳児の各チームは、スタートの合図で輪になったまま「宝物」を見つけに行きます。「宝物」を見つけたら輪の中に入れ、いっしょに移動します。これを繰り返し、輪の中に多くの「宝物」をゲットしたチームが勝ちです。5歳児チームに3・4歳児を入れたり、5歳児も「宝物」になるなど、組み合わせを変えて繰り返し遊びましょう。

遊び案執筆（50音順）

あそび工房らいおんバス
大村哲平（きのいい羊達スマイルキッズ）
竹内淳（きのいい羊達スポーツキッズ）
福田りゅうぞう（カエルちゃんオフィス）
りんごの木こどもクラブ
渡辺リカ（アトリエ自遊楽校）

表紙・扉絵	たちのけいこ
本文イラスト	浅羽ピピ、うつみのりこ、川添むつみ、たかぎ＊のぶこ、にしだちあき、野田節美、みやれいこ、福々ちえ
カバー・扉デザイン	株式会社リナリマ
本文デザイン・DTP	株式会社フレア
楽譜浄書	株式会社クラフトーン
本文校正	有限会社くすのき舎
編集	西岡育子、田島美穂

まいにち元気！ 5歳児のあそびBOOK

2017年2月　初版第1刷発行

編者／ポット編集部　©CHILD HONSHA CO.,LTD.2017
発行人／浅香俊二
発行所／株式会社チャイルド本社
〒112-8512　東京都文京区小石川5-24-21
電話／03-3813-2141（営業）　03-3813-9445（編集）
振替／00100-4-38410
印刷・製本／共同印刷株式会社
ISBN978-4-8054-0244-3
NDC376　24×19cm　104P　Printed in Japan
<日本音楽著作権協会（出）許諾第1613933-601号>